나이가 들수록 기다림을 가져야 합니다.
자기 영혼이 맑아 올 때까지 기다려야 합니다.
허둥대고 서둘다 보면 모든 것을 놓치게 됩니다.
삶은 한꺼번에 완성되지 않습니다.

백담사 무문관 일기

서 문

삶은 살수록 깊어지고 인간의 지혜로 풀 수 없는 화두로 가득 차 있습니다.

젊은 날에는 고통과 좌절만이 반복되고 즐거움은 오래 머물지 않았습니다. 그래서 소유하고 채우는 데만 집착하여 허둥댄 날이 많았고 삶 속에 죽음이 공존하고 있음을 깨닫지 못했습니다.

육십이 넘어 사유가 깊어지면서부터 많은 사람들이 채우고 싶어 하는 곳을 비워야 소중한 가치를 얻게 된다는 것을 깨달았고, 육체적 고통과 정신적 고통이 인간에게 이익을 주고 숭고한 정신은 고통 속에 다듬어지고 깨달음은 번뇌 속에서 이루어진다는 것을 뒤늦게 알았습니다.

정진이 길어지고 응시가 깊어지자 안으로 눈이 열리고 귀가 밝아지자, 내 안에 닦아도 사라지지 않은 어둠이 있고 언젠가 밖으로 뛰쳐나올 소멸과 죽음이 기다리고 있음을 깨닫게 되었습니다. 그것을 알아차린 것은 정진을 통해 눈이 열리고 응시가 깊어지면서부터입니다.

설악산에 머물고부터는 삶과 죽음을 통찰하고 깨닫는다고 정신이 완성될 수 있을까 하는 의문을 던지고 묻고 묻습니다.

죽음은 예고 없이 찾아듭니다. 하늘에서 천둥이 울리고 벼락처럼 눈앞에서 이루어질는지 뒤에서 덮칠는지 모릅니다. 사람들은 겨우살이는 준비하면서도 죽음을 준비하지 않습니다.

불치의 병에 걸려 고통을 치르면서 죽음을 깨닫게 되고 후회하게 됩니다. 대부분 사람들은 품위 있고 존엄스러우면서 초탈한 모습으로 죽음을 맞이하지 못합니다. 오히려 수명을 늘리기 위해 임종 직전까지 인공호흡기에 매달린 사람이 많습니다.

삶과 죽음을 성찰하게 되면 내가 벗어버린 빈껍데기로 인해 많은 사람들에게 폐를 끼치지 않아야 된다는 것을 깨닫게 될 것입니다.

육신의 고통에 집착하여 자기를 잃다 보면 생사의 굴레를 훌훌 털고 일어설 수 없습니다. 육신을 헌 누더기 한 벌과 다름없다는 생각을 해야 얽매임에서 벗어날 수 있습니다.

불교에서 아름답고 초탈적 죽음은 앉아서 죽거나 서서 입적하고 걸어가면서 이룬 열반을 보행열반이라고 합니다.

'승가난제'는 보리수 나뭇가지를 잡고 명상하듯 입적하였고 '관계지한' 선사는 걸어가다가 문득 서 있는 자세로 열반하였습니다.

　삶과 죽음을 완성하지 않고는 몸과 마음에서 초탈적 자유를 풀어낼 수 없습니다.

　자기 죽음을 입체적 모습으로 자유스럽게 연출할 수 있는 것은 삶과 죽음이 완성되어 있을 때만이 가능합니다.

　나이가 들수록 기다림을 가져야 합니다.

　자기 영혼이 맑아 올 때까지 기다려야 합니다.

　허둥대고 서둘다 보면 모든 것을 놓치게 됩니다.

　삶은 한꺼번에 완성되지 않습니다.

　삶이 제대로 성숙하려면 걸맞는 기다림이 있어야 하고 안으로 여물 시간이 있어야 합니다.

　육신이 삭아서 무생無生의 삶을 풀어낼 때까지 기다려야 합니다.

2017년 7월 설악산 영은암에서 정 휴

목 차

깨달음의 멋

깨달음의 맛

부처님 꽃을 드시다

시심마 일기

깨달음의 멋

볼수도 들을수도 없는
너를 무엇이라고 불러야 하겠느냐

종언지終焉地를 찾아서

금강산에 들어와 토굴을 짓고 머문 지 5년이 지나고 있다.

화암사 경내에는 토굴을 지을 만한 터를 찾는 일이 어려운 일이었다. 며칠 동안 살펴보았지만 집 한 채를 앉힐 만한 장소를 발견하지 못하였다.

계곡에 물이 흐르고 시야가 툭 트인 곳을 고르다 보니 눈에 들어오는 마땅한 터가 보이질 않았다. 그렇다고 풍수風水를 계산하고 명당을 찾는 욕심을 부린 것도 아니었다.

집을 짓고 방 안에 앉으면 몸과 마음이 편안하면 명당名堂자리라고 생각했지만 살핀 곳마다 나무가 울창하고 가파른 언덕이어서 집을 지을 만한 곳이 눈에 띄지 않았다.

이곳에 들어올 때는 모든 것을 내려놓고 집 한 채 지어서 남은 생애를 마무리해야겠다는 생각뿐이었다. 그러니까 지금 내가 찾고 있는 곳은 종언지終焉地 셈이다.

며칠이 지나 살핀 곳을 다시 보고 두루 사방을 둘러보았을 때 눈앞에 부도浮屠의 받침대를 발견하였다.

규모와 크기를 보아서 큰 부도浮屠가 있었던 것이 분명하였다.

그러나 몸뚱이는 어느 곳으로 사라졌는지 알 수가 없었고 받침대만 세월을 깔고 있었다.

화암사에서 수행하던 노승의 부도浮屠가 분명하였으나 자료가 없어 생멸연대를 파악할 수 없었다.

위치를 살펴보니 시야는 툭 트여서 푸른 동해를 볼 수 있어 눈맛이 시원하고 옆에는 사랑한 아내가 누워 있는 것처럼 계곡이 있었고, 동천洞天이 있어 흐르는 물의 양에 따라 반석 위에 무지개를 드리우고 구슬을 뿌리는 것 같았다. 그리고 눈앞에 화암사를 상징하는 큰 바위가 주위의 거친 산세를 억누르듯이 가부좌를 틀고 앉아 있었다. 이 바위는 쌀바위禾岩라고 오랫동안 부르고 있었다.

밤에 보면 달마達磨대사가 세상을 살피는 모습으로 변하고 달이 뜨는 날이면 금빛이 흐르는 자태로 변하였다. 이만하면 선경仙境이라 해도 지나치지 않다고 자족하였다.

반년동안 터를 닦아 주춧돌을 놓고 기둥을 세워 상량上樑을 하게 되었다. 상량문을 쓰기 위해 자리에 앉아 생각하니 새 집이 이루어진다는 생각보다는 내가 이 집에서 몇 년을 머물 수 있을까 스스로 반문하였다.

육신은 서서히 낡고 무너질 시간을 기다리고 있는데 머물 곳은 새롭게 단장되고 있으니 부질없다는 생각이 엄습하였다. 육신은 헌것인데 머물 곳은 새집이었다. 헌 육신이 새집에 들어간다고 젊어진 것은 아니다.

나는 상량문을 풍류가 넘치고 선미禪味가 나는 문장을 구사하고 싶었다. 송골松骨을 깎아서 대들보를 삼고 앞산에 머물고 있는 구름을 끌어다가 지붕을 덮고 지나가는 바람을 멈추게 하여 벽을 발랐다고 하였다. 그리고 달을 끌어다가 등불을 삼으니 집안에는 대기대용大機大用이 넘쳤다.

누구나 이 암자庵子에 머물거나 가부좌 틀고 앉는 이는 대지大地를 변화시켜 불국토를 만드는 기틀을 얻을 것이다.

새집을 짓고 나서 첫날밤을 지내고 아침에 일어나니 몸과 마음이 한결 가벼웠다. 그동안 주지직을 몇 차례 맡으면서 얻은 경험인데 주지 발령을 받고 첫날밤을 지내보면 잠자리가 불편하고 몸이 가볍지 않은 곳이 있었다. 옛 선배들은 하룻밤 잠자리를 해 보면 그곳이 인연이 맞는 곳인지 맞지 않는 곳인지 알 수 있다고 하였다.

일생을 마무리하는데 손색이 없는 곳이었다.

특히 저녁이면 물소리를 베갯머리에 실어다 주고 밤이면 달빛이 산 그림자를 잠자리에 옮겨 놓았다.

나는 자연의 오묘함과 대지의 섭리가 빚어내는 신비함을 깨닫고 암자庵子의 이름을 영은암靈隱庵이라고 하였다.

걸어서 오는 봄

창문을 열고 산을 바라보면, 여러 층이 쌓인 멧부리가 울창하고 첩첩하여 눈길을 멈추게 하고 청풍은 눈치 채지 않게 다가와 고요함을 깨트리고 지나간다.

토굴을 지은 지 5년이 지나가고 있다. 사계四季를 다섯 번이나 맞은 것이다. 육신은 날이 갈수록 쇠약해지고 기억력은 감퇴하고 어리석음은 늘어나고 있었다.

입춘이 지나고 우수와 경칩을 지냈지만 높은 산에는 아직 잔설이 그대로 남아 있다. 밤마다 날카로운 기봉機鋒을 앞세우고 칭얼대던 겨울 삭풍도 우수와 경칩을 지나고부터는 힘을 잃고 지나갔다.

따뜻한 봄 햇살은 대지大地를 일깨우고 생명을 움직이게 하였다.

따뜻한 봄날이 며칠 되자 숲에서 기지개를 켜고 찬 기침을 하는 소리가 들렸다. 숲이 봄의 섭리에 의해 깨어나는 소리였다. 봄이 멀지 않았다는 신호였다. 머지않아 가지마다 새 움을 틔우고 연두 빛 물감을 풀어내는 신록新綠의 문이 열릴 것이다.

암자 주위에 있는 숲들도 잿빛을 걷어내고 깨어나고 있음을 보고 들을 수 있었다. 나뭇잎마다 새로운 물감이 번지고 푸른 수액이 감돌 것이다. 사람에 비유하면 뜨거운 피가 감돌고 있는 것같이 나무들은 끊임없이 수액을 걸러 올릴 것이다.

눈보라와 칼바람을 견디고 긴 인고의 세월을 새 잎으로 열어 보이고 있는 것이다. 남쪽에서는 화신花信을 전한 지 며칠이 지났다. 초록 물결과 꽃들은 불길처럼 번져 머지않아 산과 들을 꽃밭으로 만들 것이다.

점심공양을 끝내고 차 한 잔을 마시고 앉아 있으니 만행萬行 나갔던 꽃들이 일주문─柱門을 지나고 있다고 바람이 전해 주었다.

겨울 한 철 숲을 떠났던 새들도 나름대로의 음색으로 노래를 하였다. 마치 음악 경연장 같은 기분이다. 새 종류에 따라 그 음색도 다르고 품성에 따라 소리의 빛깔이 다르다. 흉내와 표절을 발견할 수 없다.

수행인이 오랜 세월동안 갈고 닦고 응시와 사유시간을 통해 얻은 체험적 개안開眼이 있다면 반드시 자기 목소리가 있어야 한다. 선禪은 모방을 거부하고 성자나 타인에 의존하는 것을 허락지 않는다. 그러나 우리 주위에 이름이 알려지고 존경 받는 수행인들에게는 체험적 개안이나 자기 목소리를 들을 수가 없다

말하는 것을 들어보면 조사어록祖師語錄을 벗어나지 못하고 있다.

대부분 중국 선종사에 등장되는 조사祖師들의 깨달음의 기연機緣이나 일화 등을 인용하는 수준에 머물고 있다.

오랜만에 봄비가 내렸다.

얼었던 땅이 녹고 흙에서 뿌리를 내린 나무에서 빛과 향기를 지닌 꽃이 피어났다. 그리고 여리고 투명한 잎들이 피어나고 제 몸에서 아름다움을 빚어내고 있었다. 산문山門 밖으로 만행萬行 나갔던 봄이 소맷자락을 흔들며 내 거처까지 찾아온 것이다.

생명이 아니고서는 이렇게 아름다움을 쏟아 낼 수는 없다. 이것은 우주의 신비라기보다는 생명의 신비이다.

따지고 보면 꽃만이 아름다움을 쏟아 내는 것은 아니다.

옛날 마조馬祖 스님 제자 가운데 혜해라는 스님이 처음 찾아와 물었다.

"왜 왔느냐?"

"불법을 배우려고 왔습니다."

"너에게 있는 보배창고는 어찌하고 불법을 구하려고 하느냐?"

"나에게 보배창고가 있다니요?"

"바로 지금 나에게 묻는 것이 그대의 보배창고이다. 그것은 모든 것을 다 갖추었으므로 조금도 부족함이 없어 자유자재하니 어찌 이것을 밖에서 구할 필요가 있겠느냐?"

인간의 마음은 진리의 원천인 동시에 모든 성자의 근본이며 나고 죽음에서 벗어나는 바탕이기도 하다. 그래서 부처님이 중생의 마음속에는 여래如來와 같은 지혜도 있고 중생에게 베풀 수 있는 덕성도 있고 자비도 있다고 하였다.

갈고 닦아서 나고 죽는 근본을 깨달아 얻은 것이 지혜요, 생명을 사랑하고 이웃의 슬픔과 같이 하는 마음이 자비이다.

다만 별처럼 빛나는 지혜를 밖으로 드러내지 못하고 아름다운 덕성을 쏟아 내지 못하고 있는 것이다.

연두 빛 물감을 풀어 낸 숲들은 푸른 물결로 변하여 산 정상까지 이어져 있다. 긴긴 겨울 추위와 침묵 속에 잠겨 있던 생명들이 깨어나, 기다리고 있던 그리움들이 마치 꽃으로 피어난 것처럼 산과 들 곳곳에서 얼굴을 내밀고 있다.

순례와 만행을 그치고 가부좌를 틀고 앉아 걸망 속에 있는 물건을 끄집어 내놓은 것처럼 꽃들이 내 곁으로 와서 염화미소拈花微笑를 하고 있다. 그리고 생명의 실상을 누설하고 있다.

작년에 사라진 그 자리에 꽃은 환생還生하고 있었다.

생명이 아니고서는 이처럼 아름다운 것을 쏟아 낼 수 없다.

사람도 자신이 지니고 있는 지혜와 덕성, 그리고 자비를 체화하여 인격화하면 꽃처럼 피어날 수 있다.

꽃향기를 맡지 말고 들어 보라. 번뇌가 삭아서 녹아내리고 군살의 껍데기가 벗겨지는 아픔이 일 것이다.

사람들은 조그마한 고통도 참으려고 하지 않는다. 그러나 고통을 거치지 않으면 아름다움은 만들어지지 않는다.

아무리 꾸미고 단장을 해도 꽃이 지닌 아름다움과 그 품격에 이르지 못한다.

특히 청문회를 통해 등장된 인물들을 보면 학력은 명문대학을 졸업했고 경력은 전문성을 바탕으로 높은 지위를 누렸지만, 청문회 잣대로 하나하나 검증을 해보면 일반 서민 대중보다 도덕적으로 깨끗하지 못하고 윤리적으로 지탄받을 만한 허물들이 쏟아지는 것을 보면, 저들이 저런 모습으로 살아왔구나 하고 실망을 금치 못할 때가 있다.

인격적으로 다듬어진 모습도 없고 국민의 귀감이 될 만한 품격도 발견할 수 없는 사람들이 많았다. 다만 껍데기만 화려할 뿐 인간의 품성도 남을 배려하는 마음도 이웃을 위해 헌신한 이타적 덕목도 없었다. 다만 높고 낮은 관계를 통해 대접받고 자리를 이용해 특혜를 받는 모습만 보였다.

아름다운 꽃 앞에서 자성하고 뉘우치는 시간을 가져야 새로운 모습으로 태어날 수 있다.

봄비가 계속되었다.

비를 맞는 숲은 더욱 푸른색으로 변하였다. 나는 창문을 열고 화두도 들지 않은 채 빗소리를 들었다. 마음을 열어 놓고 있으니 빗소리도 들리고 바람소리와 새소리도 가끔 들려

왔다. 마음을 비워놓고 있느니 자연의 깊이에서 들려오는 숨소리까지 들리는 것 같았다. 나는 처음으로 경청의 즐거움을 맛볼 수 있었다.

고故 김수환 추기경은 인터뷰에서 다음과 같이 말한 일이 있다.

"말을 배우는데 3년이 걸렸는데 경청을 배우는데 60년이 걸렸다."

그가 신도를 향해 설교만 한 것이 아니라 남의 이야기를 듣기 위해 얼마나 노력했는가를 엿볼 수 있는 대목이었다.

자기 응시가 없고 사유하는 정진 없이는 보석 같이 반짝이는 언어가 만들어 질 수 없다.

소통과 경청을 아쉬워하는 사람들이 귀담아들을 대목이다.

꽃잎은 흩날리고

누구나 사물을 집중하지 않고 건성으로 대하면 거죽밖에 볼 수 없고 마음을 비우고 속뜻을 응시하면 밑바닥까지 정신이 도달하는 것을 깨달을 것이다. 꽃을 바라보고 있으면 꾸미고 단장한 자국을 볼 수 없고 본래 모습 그대로 피어 있는 것을 알 수 있다.

고려 진각眞覺국사는 그의 시詩에서 "제 아무리 잘 다듬고 치장해 본들 어찌 천진스러운 본래 모습만 하리." 읊고 있다.

이 세상에서 가장 아름다운 모습은 칼로 깎고 지운 성형을 한 얼굴이 아니요 도깨비처럼 화장을 한 얼굴도 아니다.

천진무구한 그대로의 얼굴이다. 꽃은 천진무구한 그대로의 아름다움을 우리에게 보여주고 있는 것이다. 그렇다고 아름다워지려고 노력하는 사람들을 탓하는 것은 아니다.

비온 뒤라 봄 산은 물결처럼 굽이치고 바람에 꽃잎은 나비처럼 날면서 흩어지고 있었다.

산에는 진달래가 무더기로 피어 있고 길에는 벚꽃이 꽃 사태를 만난 것처럼 바람에 날리고 있다. 이런 풍경은 봄만이 볼 수 있다.

자연이 우리에게 베푼 꽃 공양供養이고 진수성찬이다.

특히 벚꽃이 바람에 날려 눈 내리는 풍경을 만들 때는 눈꽃을 피우고 있는 겨울 산山을 떠올리기도 한다.

특히 꽃이 필 때는 이호우 시인의 꽃에 관한 시詩가 문득 생각난다.

꽃이 피네, 한 잎 한 잎.
한 하늘이 열리고 있네.
마침내 남은 한 잎이
마지막 떨고 있는 고비.
바람도 햇볕도 숨을 죽이네.
나도 가만 눈을 감네.

— 개화開花 전문 —

꽃이 피는 순간의 진통과 아픔을 포착한 정신의 세밀한 관찰력에 감탄하지 않을 수 없다.

꽃이 필 때와 질 때에는 사람에 따라 느끼는 감성의 환기喚起가 다르다. 꽃이 필 때는 기다리는 사람이 온 것 같기도 하고 질 때는 별리의 아픔이 떠오르기도 한다. 또 절대 권력을 가진 자들의 몰락하는 모습이 투영되기도 하고 소멸의 아픔을 체험하기도 한다.

사무치는 것들이 미련 없이 사라져가는 것을 보고 있노라면 이형기 시인의 '낙화'가 떠오른다.

가야 할 때가 언제인가를

분명히 알고 가는 이의

뒷모습은 얼마나 아름다운가.

봄 한철

격정을 인내한

나의 사랑은 지고 있다.

분분한 낙화……

결별이 이룩하는 축복에 싸여

지금은 가야 할 때

무성한 녹음과 그리고

머지않아 열매 맺는

가을을 향하여

나의 청춘은 꽃답게 죽는다.

— 낙화 부분 —

낙화의 첫 구절은 오랫동안 수행한 수행인이 자기 임종을
예감하고 입적을 맞이하기 위해 어디론가 떠나가는 모습을
떠올리기도 한다.

소멸을 알아차린 사람이 사라질 때 그 모습도 아름다워
진다.

입적을 준비하면서

겨울 침묵 속에 잠들어 있던 산山들이 깨어나 산맥山脈들이 꿈틀거리고 신록은 물결처럼 굽이치며 뻗어가고 있다.

창문을 열면 푸르름을 몰고 다가서는 것은 산 빛이요 문을 닫으면 스며드는 것은 개울 물소리뿐이다. 누가 시키지도 않았는데도 바람은 꽃향기를 실어 나르고 새들은 나뭇가지를 옮겨 다니면서 아름다운 목소리로 노래를 하고 있다.

모든 것을 내려놓고 비운 채로 사물을 바라보면 그 내밀內密한 곳까지 접근할 수 있다. 반드시 깨닫고 바라보아야 눈앞에 가득한 청산이 법신法身이 되는 것은 아니다.

삼라만상이 하나의 생명체라면 시방법계가 이 마음을 벗어나지 않았음을 누구나 깨닫게 될 것이다.

만물이 생명체를 지니고 있으니 눈앞에 보이는 일초일목一草一木이 그대로 부처님의 빛깔이며 들려오는 소리가 부처님의 원음圓音이 아님이 없다. 그러므로 모든 빛깔과 소리가 부처님의 법신法身이며 지혜의 눈이다. 삼라만상 속에 펼쳐져 있는 만물이 낱낱이 부처이며 보살의 현신이 아닐 수 없다.

그러나 태어난 생명에는 반드시 소멸이 따르고 죽음이 있기 마련이다. 우주가 탄생과 소멸의 법칙으로 짜여 있다. 그

래서 꽃들이 피어서 바람에 지고 흩어지는 것이다. 어디 꽃뿐
이겠는가. 모든 만물이 생성과 소멸의 순환을 벗어나지 못하
고 있다.

나이가 들면서 느끼는 일인데 한 해가 바뀔 때마다 한 생
애가 기울어져 감을 느끼고 있다. 소멸의 섭리에 따라 육신은
노쇠해지고 그 기능은 쇠락하고 있는 것이다. 깊이 따진다면
죽음이 다가오는 징조이다.

이 세상 어떤 존재도 변화하지 않고 무너지지 않고 그대로
있는 것은 없다.

모든 사물들은 시시각각 변화하고 있다. 변화하기 때문에
새로운 질서가 만들어 지는 것이다. 눈앞에 보이는 사물들이
고정되어 있다면 사람들은 싫증을 느끼고 권태에 빠지고 말
것이다.

사물을 보는 눈도 때에 따라 바뀌고 달라진다. 정지해 있
는 것은 아무것도 없다. 인간도 마찬가지이다. 마치 강물처럼
흐르고 변해가는 것이 인간이다. 항상 그 자리에 정지되어 있
거나 머물러 있지 않다. 이 세상의 모든 것은 어느 순간에도
고정된 모습으로 머물지 않고 순간순간 변화하면서 아름다움
을 드러내고 있다.

우리가 지금 살아가고 있지만 길게 보는 안목으로 살아온
궤적을 바라보면 한 생애가 꿈결처럼 지나고 흐르는 물처럼

흘러가고 있음을 깨달을 것이다.

눈앞에 있는 일초일목도 자세히 관찰해 보면 움직이고 변화하고 있음을 발견할 수 있다. 그리고 탄생과 소멸을 반복하면서 새로운 모습으로 태어나고 있다. 사실 변화가 없는 삶은 침체되기 쉽고 틀에 갇혀 타성에 빠지기 마련이다.

봄에 핀 꽃이 지는 것을 바라보고 있으면 비록 바람에 흔들리면서 꽃잎이 지고 있지만 제 몸에서 떠날 시기를 맞아 떨어지고 있음을 볼 수 있다. 그리고 가을 낙엽도 스스로 제 몸을 떠나 낙하한다. 스스로 버리고 내려놓으므로 인해 본체를 드러내고 뿌리로 돌아가는 것이다.

인간도 늙으면 어쩔 수 없이 노쇠해지고 육신은 병주머니가 되고 만다. 아무리 가꾸고 관리해도 때가 되면 육신도 영혼을 떠날 신호를 보낸다. 그러나 인간은 노욕에 사로잡혀 있거나 집착에 빠져 있으면 그 신호를 눈치 채지 못한다. 오히려 살려고 발버둥치고 생명의 끈을 붙들고 추한 모습을 드러내고 만다.

그래서 잘 사는 일도 중요하지만 잘 죽는 일이 더 어렵다고 말하는 것이다. 죽음은 앞에서 다가오는 것보다 뒤에서 덮칠 수도 있고 옆에서 들이닥칠 수도 있다. 낙엽이 제 몸을 떠나 흙으로 돌아가듯 인간도 떠날 때를 아는 지혜를 지니고 있어야 한다.

떠날 때가 언제인가를 깨닫고 있는 사람은 죽는 모습도 아름다워 질 수 있다. 자기 죽음을 예감하고 아는 사람은 드물다. 자신의 건강만을 믿고 과신하기 때문에 죽음을 잊어버리고 살고 있다. 다만 육신의 한쪽이 고장 났을 때 그리고 병원에서 검사를 통해 치명적인 약점을 드러냈을 때 죽음을 떠올리는 경우가 많다.

죽음을 망각하고 사는 경우는 대부분 살아가야 할 세월과 시간이 많이 남았다고 믿고 있기 때문에 죽음에 대한 준비를 소홀히 하고 있다.

그래서 임종이 가까워지면 준비하는 사람들이 많다. 이때는 이미 늦은 것이다. 죽음이 임박하여 서두르다가 회한에 사로잡혀 날뛸 때는 이미 늦은 것이다. 자기 정리를 해두지 않았기 때문에 유산 문제로 자식들의 다툼이 일게 되고 알지 못했던 허물들이 드러나게 되고 주위 사람들을 당황하게 만들 때가 있다.

그래서 나이가 들고 노쇠해 지면 노욕에 사로잡히지 말고 소리 없이 자기 정리를 해야 한다. 내려놓을 것을 미련 없이 내려놓고 버릴 것은 집착 없이 버리고 가볍게 갈 수 있도록 준비를 해 놓고 기다려야 한다.

죽음이란 마른하늘에 천둥처럼 갑자기 찾아오기 때문에 준비해 놓고 기다린 사람은 당황하지 않고 미련 없이 떠날 수 있다.

노욕에 사로잡혀 준비를 해 놓지 않은 사람에게는 죽음이 머리 위에서 떨어지는 우레처럼 찾아올 수 있음을 잊지 말아야 한다.

누구나 생을 마감할 때는 영혼을 제외하고는 아무것도 가지고 갈 수 없다. 그 나머지는 세상에 그대로 두고 떠나야 한다. 하루 낮 하룻밤에 만 번 죽고 만 번을 산다는 말이 있다. 하루에도 헤아릴 수 없이 생사를 거듭한다.

그리고 모든 것은 살아있을 때 아름다운 것이지 호흡이 그치면 쓸모없는 물건으로 전락되고 만다.

범어사에 계셨던 덕상 스님은 스스로 자신의 임종을 예감하고 지니고 있던 물건들을 평소 친하게 지냈던 스님들에게 나누어 주었다. 남들이 눈치를 채지 못하도록 자연스럽게 행동하였다. 스스로 자기 정리를 한 것이다. 버릴 것은 버리고 되돌려 줄 것은 본래 자리에 갖다 놓고 빈 몸으로 갈 날을 기다렸다. 그러니까 이 세상에 몸을 받아 살아온 동안 받은 것을 남김없이 죄다 돌려주고 빈 몸으로 떠날 준비를 하고 있었던 것이다.

그는 마음과 몸에 적멸이 시작되고 있음을 깨닫고 장삼 한 벌을 보자기에 싸고 지팡이 하나를 의지해 금정산 정상을 향해 걸었다. 숨이 차면 가다 쉬고 다시 일어나 걷다가 보니 눈앞에 넓은 바위가 나타났다. 그는 그 자리에 가부좌를 틀고 앉아 눈을 감고 화두話頭를 참구하였다. 밤이 되어 바람이 차가웠지만 자리에서 일어서지 않고 눕지도 않았다. 몸은 서서히 차가워졌고 호흡이 거칠어졌다. 별빛이 쏟아져 내려 이마가 시렸다. 그리고 별들이 서서히 제자리로 돌아가자 호흡이 멈추었다.

앉아 있는 그대로 열반에 든 것이다. 좌탈坐脫이었다. 일생 동안 생사에 얽매이지 않으려고 노력한 해탈의 자유가 좌탈坐脫로 표현되었다. 생사의 굴레에서 벗어난 자유의 경지였다.

그러나 임종의 순간을 곁에서 지켜본 사람들은 호흡이 멎는 순간이 얼마나 힘든 일인가를 알고 있을 것이다.

한 생명이 숨을 거두는 한 순간 한 순간이 힘든 고개를 올라가듯 숨을 몰아쉬고 내뱉는 것이 얼마나 힘들고 고통스러운 일인가를 지켜본 사람들은 알고 있을 것이다. 그리고 혼이 빠져 버린 육신은 마치 나무토막 같은 물체로 전락되고 만다. 육신이 살아 있어야 감각기관을 통해서 느낌을 받아들여 즐거워하기도 슬퍼하기도 하지만 견문각지가 정지해 버리면 육신은 썩고 소멸해 버릴 존재로 변해 버리고 만다.

불교처럼 육신을 홀대하는 종교도 없다. 마치 헌옷처럼 생각하여 죽는 것을 헌옷 한 벌을 벗는 것이라고 생각한다. 그리고 육신을 가아假我라고 하여 소중하게 생각하지 않는다.

불교 수행에 전념한 일반 신도들도 육신에 대한 애착이나 미련을 갖지 않는다. 육신을 언젠가는 소멸할 존재로 깨닫고 살아간다.

독실한 불교신자였던 일본의 어떤 황후는 자기가 죽거든 불에 태우지도 흙에 묻지도 말고 들에 버려서 한때나마 주린 짐승들의 요깃거리가 되게 해달라고 유언을 남기기도 하였다. 마치 몇 십 년을 수행하여 깨달은 수행인처럼 그녀의 유언은 초월적이지만 섬뜩하였다.

또 가톨릭의 성자인 아씨지Assisi의 성프란시스코는 임종이 가까웠을 때 옷을 벗고 알몸으로 땅바닥에 누워서 죽게 해달라고 수도원장에게 어린애처럼 졸랐다고 한다. 그는 유언을 남겼다.

"오래지 않아 내 육신은 먼지와 재 이외에 아무것도 아닐 것이다."

혼이 떠나간 육신은 부패하여 마디마디 흩어지고 끝내 흙으로 돌아가고 만다. 일본의 황후나 가톨릭 성자는 육신을 헌 옷 한 벌을 벗는 것이라고 생각했던 것이다.

사람에게는 자신만이 가꾸어 온 삶의 방식이 있고 일생 동안 익혀 온 습관이 있다. 그리고 추구해 온 이상이 있기 때문에 습관에 따라 죽는 모습도 다르다. 또 사람마다 그 수명도 다르다. 세상에 태어나자마자 죽는 아이도 있고 태내에서 목숨을 잃는 경우도 있다.

내가 거처하고 있는 면 소재지에 농사일을 하면서 욕심 부리지 않고 살아가는 농부가 있었다. 독실한 불교 신자였다. 논밭에 씨를 뿌려 생산한 수확 외에 더 이상 얻으려고 욕심 부리지 않고, 있는 그대로 자족하는 심성을 갖고 있는 농부였다.

비록 부농은 아니었지만 먹고 살 만큼 논밭에서 수확을 얻고 있었다. 슬하에는 자녀를 두어 모두 서울로 대학을 보냈다. 그리고 결혼을 시켰다. 그렇다고 살림살이가 넉넉한 것도 아니었다. 부족하면 부족한 대로 자족하면서 욕심을 부리지 않았다.

어느 날이었다. 딸이 임신을 했다는 연락을 받고 하루 종일 기뻐하고 곧 손주를 보게 되었다고 보는 사람마다 자랑을 했다.

그러던 어느 날, 딸이 출산하기 위해 친정으로 온다는 소식에 문 앞에서 기다렸다. 서울에서 출발한 차량은 미시령고개를 넘어 곧 집에 도착할 예정이었다. 이때 재앙이 어디 숨어 있다가 이들의 운명을 가로막았다.

미시령고개를 넘어 톨게이트를 눈앞에 두고 있을 때 버스가 갑자기 이들의 차량을 들이박았다. 갑작스럽게 이루어진 충돌이었다. 이 교통사고로 임신한 딸은 실신하였고 병원에서 회복하지 못하고 목숨을 잃고 말았다. 그리고 아직 태어나지 못한 생명은 이 세상을 보지도 못한 채 엄마와 함께 이 세상을 떠나고 말았다.

법화경 보문품에 보면 구종횡사九種橫死에 대해 자세히 설명한 구절이 나온다. 순명順命이 아닌 비명에 가는 삶이 있다는 것을 기록하고 있다. 불로 인해 목숨을 잃는 사람, 물에 빠져 죽는 사람, 전쟁에서 싸우다가 죽는 사람, 짐승에게 물려 목숨을 잃는 사람, 그리고 등산이나 교통사고로 목숨을 잃는 경우까지 설명하고 있다.

비명에 간 사람일수록 그 모습이 비참하고 회한이 따른다. 그래서 잘 살 수 있는 복도 있어야 하지만 잘 죽는 복도 타고 나와야 한다고 말을 하는 것이다.

우리 주위에는 태어나자마자 죽는 아이도 있고 열 살도 못 되어 안쓰럽게 죽어가는 어린 생명도 있는가 하면 제대로 자기 삶이나 꿈을 펼쳐 보지도 못한 채 젊은 나이에 비명에 가는 사람도 있다.

따지고 보면 오래 사는 것도 그 사람이 타고 난 복이지만 그보다는 자기의 삶을 얼마나 진실하게 살고 있느냐가 문제이다. 그래서 사람은 살 때에 빛이 나야 하듯 죽을 때에도 그 빛을 잃어서는 안 된다.

그러나 자신이 몇 살까지 살아 있으리라고 알고 나온 사람은 없다. 누가 비명에 간다고 불행을 믿고 있겠는가. 사람에게는 그동안 살면서 터득한 경륜과 철학이 있고 삶의 방식과 익혀 온 습관이 있다. 이 습관은 병들어 죽을 때까지 많은 영향을 미친다. 그래서 죽음도 일생동안 익힌 업보業報의 무게에 따라 숨을 거두는 모습이 각자 다르다. 앞에서 지적했듯이 자기 수명을 알고 사는 사람은 없다. 그렇기 때문에 숨을 거두는 일이 쉬운 일은 아니다.

신라시대 사복蛇福과 원효는, 나는 것도 괴로움이요 죽는 것도 괴로움이라 했다.

사복의 어머니가 돌아가셨을 때 원효는 사복과 함께 장례를 지내며 "나지 말지어다. 죽음이 괴롭다. 죽지 말아라. 나는 것도 괴롭다." 말하자, 사복은 원효의 얼굴을 힐끔 쳐다보고 나서 "어찌 길게 말합니까? 나고 죽는 것이 괴롭다."로 고쳐 말을 하였다.

동양의 성자라고 부르고 있는 공자는 "내가 삶을 모르는데 어찌 죽음을 알 수 있으리요."라 하였고, 고려시대 이규보는 "삶과 죽음이 하룻밤 꿈인데 무엇을 조심하랴." 하였다.

모두 삶과 죽음을 깊이 생각하여 얻은 지혜로 초탈의 여유를 드러내고 있다.

우리가 삶과 죽음에 대해 미리 준비할 것은, '죽음이 무엇인가?' 그 뜻을 체득하는 일이다. 그러기 위해서는 금강경에서 말하고 있는 일체유위법 무상無常의 이치를 깨달아야 한다.

구름과 같이 오더니
달 따라 가버리네

눈앞에 있는 존재와 사물은 시시각각 변하고 있다. 그 변화함을 금강경은 육여六如로 표현하고 있다.

존재가 변하고 소멸하는 순간을 꿈과 같고 꼭두각시 같고 거품과 같고 그림자와 같고 이슬과 같고 번개와 같다고 하였다.

이 세상에 변하지 않고 무너져 소멸하지 않는 것이 어디 있겠는가. 송나라 시인인 소동파는 "나고 죽는 온갖 속에 자연만은 그대로 있다."고 말하였다. 그리고 고려시대 유명한 선사禪師인 원감圓鑑 스님은, "뜬세상 그야말로 눈 깜짝할 사이인데 얻고 잃고 슬프고 기쁘고, 이루 다 어찌 헤아리리오. 여보게, 귀한 이 천한 이 어진 이 못난이들 마지막엔 다 같이 한줌 흙이 되느니라."고 하였다.

죽음 앞에 자유스러워지는 사람은 드물다.

비록 명예와 부를 가졌다 할지라도 죽음을 통해서 흙으로 돌아가야 한다.

원감 선사의 말씀처럼 끝내는 한 줌 흙이 되고 만다.

특히 티베트 사람들은 불교의 영향 때문에 삶을 통해 죽음을 관조하면서 사는 사람들이 많았다. 그 가운데에서 티베트의 성자라고 부르는 파트롤 린포체는 해마다 신년 축제를 즐기는 사람들과 달리 그는 혼자서 매년 울었다고 한다. 그 이유는 많은 사람들이 죽음에 대해 아직 준비도 못했는데 또 다시 한 해가 지나가고 그 결과 죽음에 1년 더 바짝 다가섰기 때문이라고 했다.

화엄경에서 말한 것처럼 어느 곳에서 와서 어느 곳으로 가는지 누구도 모른다. 죽음 이후의 세계를 설명한 사후의 세계는 살아있는 자의 설명이고 철학적 해석일 뿐이다.

그래서 조선조 유명한 청허서산清虛西山 스님은 인간이 죽어서 가는 곳이 어딘가 근본적인 질문을 하고 있다.

구름과 같이 오더니
달 따라 가버렸네.
오고 가는 그 한 사람
필경 어느 곳에 있는가.

육신이 썩으면 한줌 흙이 되고 말지만 영혼은 어디로 가는 걸까. 불교에서는 왕생往生의 길을 열고 있다. 인간의 영혼이 갈 수 있는 곳이 극락이다. 극락이란 나고 죽음이 없는 곳이다. 즉, 생멸이 없는 삶과 뜻에 따라 모두 이루어지는 세계이다.

그러나 그것을 체험하고 증험한 사람은 없다. 그래서 죽음 이후의 세계를 명부冥府라고 한다. 명부란 어둠이 있는 세계를 의미한다.

이 명부의 세계를 벗어나야 극락을 갈 수 있다. 왕생往生이
란 자신이 원하고 추구한 세계로 가서 태어난다는 뜻이다. 그
곳은 걸어서 도달할 세계가 아니라 마음으로 가서 태어나는
곳이다.

그러니까 육신이 있을 때 가는 세계가 아니고 육신이 장애
를 버리고 났을 때 마음의 자유를 통해 갈 수 있는 세계다.

서산西山은 그의 명저인 '선가귀감禪家龜鑑'을 통해 인간의
자성自性 즉 영혼을 다음과 같이 설명하고 있다.

본래 인간의 참다운 면목은 밝고 신령스럽다. 이것은
생멸生滅이 없다. 그리고 인간人間의 눈으로 볼 수도 없
고 이름 지을 수 없어 일물一物이라고 했다.

그러니까 인간의 본래면목은 생멸 없이 영원한 것이다. 죽
으면 본분本分으로 돌아가는 것이다. 그래서 불교에서는 근원
적으로 죽음은 존재하지 않는다고 한다. 다만 변화하는 세계
가 있을 뿐이라고 한다. 그리고 우리의 영혼은 생멸이 없어
죽지 않는다고 말하고 있다.

그러나 현실적으로 죽음은 삶이 소멸되는 것을 말한다. 비
록 영적인 삶이 계속된다 할지라도 삶이 끝나면 모든 것이 끝
나는 것이다. 그래서 인간이 죽음 앞에 무력해지는 것이다.

한 손에는 죽이는 칼을 들고
한 손에는 살리는 봉棒을 든 선사

임제 선사는 돈오적頓悟的 법기法器를 갖춘 수행인이다.

그는 뛰어난 영적 기풍을 갖고 있었고 칼날 같은 지혜를 소유하고 있었다. 그의 돈오적頓悟的 기봉機峰은 불교의 이상적 인격체이고 공경의 대상인 불타佛陀나 여래如來란 권위를 벗겨 버리고 살불살조殺佛殺祖란 섬찍한 표현으로 부처나 조사祖師에게 얽매이지 말라고 최초로 주문한 선사이다. 그는 깨달음을 얻는 과정이 다른 선사들에 비해 매우 충격적이고 원시적이라 할 수 있다.

황벽 선사의 슬하에 있으면서 목주 선사의 안내로 황벽 선사에게 불교의 근본대의를 묻고 20봉棒의 몽둥이를 맞았다. 그리고 계속 똑같은 질문을 하고 3일 동안 60봉을 맞고도 깨달음을 얻지 못한 독특한 인연을 갖고 있는 분이다.

60봉의 몽둥이를 맞은 임제에게 황벽은 대우大愚 화상을 찾아가도록 일러 주었다. 대우 선사를 찾아갔을 때 임제는 조금 지쳐 있었다. 대우 선사는 매우 친절하게 임제를 맞이하였다.

사람을 다스리는 가풍이 달랐다.

어디서 왔느냐고 물었고 황벽의 슬하에서 왔다고 솔직히

대답했다.

"황벽으로부터 무엇을 배웠는가?"

"세 번이나 불법의 근본대의를 물었지만 그때마다 몽둥이만 맞았습니다. 무슨 잘못을 하여 매를 맞았는지 그 이유를 깨닫지 못하고 있습니다."

"황벽이 자비로써 자네를 가르쳐 주었군. 그래 그 이유를 몰라 여기까지 왔군."

대우 선사의 설명을 듣는 순간 임제는 어둠이 걷히고 개오開悟의 불빛이 열렸다. 순간 60봉의 매는 감정의 매질이 아니었고 대우 선사의 말처럼 번뇌의 속박에서 벗어나는 자비의 가르침이었다.

그는 "황벽의 불법이 별것이 아니군." 하고 황벽을 부정해 버리는 자만을 보였다.

깨달음을 얻고부터 임제의 선적禪的 인식은 중국 선종에 새로운 변화를 가져오게 하였다. 그의 깨달음의 상상력에 의해 탐구의 방법이 달라지게 하였다.

그동안 불교의 이상적 인격을 불타佛陀나 여래如來라고 했다면 그는 지상地上에서 살아있는 사람을 조사祖師라 했고 불성佛性이나 여래장如來藏, 혹은 진여자성眞如自性이라고 강조한 경전의 말을 평상심平常心으로 바꾸는 새로운 인식의 틀을 내보였다. 그리고 마조와 백장, 스승 황벽 선사 시대까지 강조

되던 평상심平常心이나 즉심즉불卽心卽佛에서 보인 심心이나 불佛이라는 추상적인 명칭을 전부 불식시키고 무위진인無位眞人 혹은 무의도인無依道人이란 말로 인간을 중요시하는 선禪으로 탈바꿈하게 하였다. 새로운 인식의 틀을 내보인 그는 부처나 조사에 집착하지 말라고 누누이 강조하면서 "부처로써 최고의 가치를 삼지 말라. 내가 보기에는 부처도 한낱 냄새나는 존재요, 보살과 성자는 목에 씌우는 형틀이요 손발에 채우는 자물쇠이며, 이 모든 것들이 사람을 결박하는 물건들"이라고 하였다.

그의 돈오적頓悟的 안목과 날카로운 선기는 황벽과 나누는 다음과 같은 일에서도 잘 나타나 있다. 임제가 스승을 떠나려고 하자 잠깐 자리에 앉도록 하였다. 전날에 볼 수 없었던 스승의 애정을 느낄 수 있었다.

황벽은 그동안 소중하게 간직하고 있던 선판禪板과 궤안机案, 이 두 가지의 좌선坐禪 도구를 유물로 전해 주려고 했다.

이것은 황벽이 백장에게 인가의 증표로 받은 물건들이었다.

황벽이 이것을 전해 주려하자, 임제는 이 광경을 물끄러미 바라보고 있던 시자에게 "불을 가져오라"고 호통을 쳤다.

오도悟道의 증명이나 전법傳法의 증표를 단호히 거부해 버린 것이다.

사실 임제에게는 이 징표가 부질없는 물건에 불과했다. 오히려 거추장스러웠다. 그리고 훗날 이 증표로 인해 깨달음의 시비가 일어날 수 있음을 염려하여 불살라 버리겠다는 서슬 푸른 기상을 내보인 것이다.

백장에게 많은 제자들이 있었지만 대표적인 인물은 위산 영우潙山靈祐, 771~853 선사와 황벽 선사이다. 두 사람을 다 인가하면서 백장은 위산에게는 불자拂子를 주었고, 황벽에게는 선판禪板과 궤안机案을 주었다. 물건을 놓고 평가하면 백장은 위산潙山에게 비중을 둔 느낌이다 임제는 이 부분이 마음에 걸렸던 것이다.

수행인에게 중요한 것은 체험體驗의 개안開眼 그 자체에 있는 것이지 증명서 따위가 무엇 필요하겠는가. 그래서 임제는 성자나 스승에게 의존하면 새로운 가치 창조를 방해받게 된다고 주장하였다.

백장의 제자인 위산은 지혜와 덕을 갖춘 수행인이고 황벽처럼 과격하지 않았다. 그가 지덕을 갖춘 인물임을 반증해 주는 다음과 같은 일화가 있다.

백장의 슬하에 삭발하지 않은 거사居士가 있었다. 사마두타司馬頭陀란 사람이었다. 그는 관상觀相을 보는데 남다른 안목을 지니고 있었다. 특히 영지명산靈地名山을 찾아내는 풍수학風水學에 능통하였다. 날마다 백장 선사를 찾아 참문하던 그가 며칠 동안 보이질 않았다. 이때 그는 여러 곳을 다니면서 눈 밝

은 선지식이 머물 산을 찾고 있었다. 여러 산山을 답사하고
돌아와 다시 백장 선사를 참문하였다.

"그동안 보이지 않더니만?"

"여러 곳을 순력巡歷하였습니다. 내가 보던 산 가운데 대위
산大潙山은 참으로 명산이었습니다. 절승絕勝인 동시에 웅산雄
山이더이다."

"그래, 명산이라면 내가 가서 머물면 어떨까?"

"황송하옵지만 스님은 그 산의 주인이 아닙니다. 그 산의
주인이 되기에는 복덕이 부족합니다."

"그럼 내 밑에 있는 사람 가운데 그 산의 주인이 될 만한
사람이 있을까?"

"이 산은 육산肉山이라 적어도 천오백 명 이상을 인솔할 수
있는 덕상德相을 가진 선지식이라야 합니다."

"내 밑에 있는 제자들 가운데 그런 인물이 있는가. 감정해
보게."

사마두타司馬頭陀는 위산영우潙山靈祐가 걸어오는 모습을 보
더니 감탄하여 말했다.

"이 사람이라면 능히 대위산大潙山의 주인이 되고도 남음
이 있습니다."

이러한 인연으로 위산 선사는 대위산大潙山으로 들어가 온
갖 시련을 치룬 후 대선원大禪院을 건립하고 자신의 법호도 위
산潙山으로 바꾸고 눈 밝은 준걸들을 배출하였다. 앙산혜적仰

山慧寂, 814~890이란 제자도 얻을 수 있었다.

황벽 문하에 임제란 뛰어난 제자가 있다면, 위산潙山 슬하에는 소석가小釋迦라고 불릴 만큼 지혜가 깊고 기억력의 천재라고 불릴 만큼 암기暗記에 뛰어난 앙산仰山이 있었다.

특히 앙산仰山은 스승의 왼팔이 되어 험준하기 이를 데 없는 대위산大潙山에 선원禪院을 건립하는데 큰 역할을 하였고 훗날 스승과 함께 위앙종潙仰宗을 창종하였다.

앙산仰山의 뛰어난 안목은 조사어록祖師語錄 전반에 걸쳐 드러나 있다. 그만큼 그는 깊은 선지禪旨를 갖고 있었다.

그 중에서 다음의 이야기는 그의 사람됨을 잘 나타내 주고 있다.

그가 길주吉州 탐원산耽源山에 있을 때 응진 화상應眞和尙이 혜충국사慧忠國師께서 당시 육조六祖의 97개의 원상圓相에 대해 적은 비본秘本을 주었다. 그리고 내가 죽은 지 30년이 지난 뒤 한 사미沙彌가 찾아와 교풍을 크게 일으킬 터이니 그에게 비본을 전하여 단절되지 않도록 부촉하였다.

이 중요한 비본을 응진 화상은, 지금 너에게 주노니 잘 받들어 이 뜻이 손상치 않도록 당부하였다.

응진 화상은 60년간 비장秘藏 전승되어 온 그 원상圓相의 진본을 앙산에게 넘겨 준 것이다. 그만큼 앙산의 예지와 뛰어난 안목을 믿고 있었던 것이다.

그러나 앙산仰山은 한 번 죽 읽어보고는 태워버리고 말았다.

원상圓相에 담긴 뜻을 한 번 보고 깨쳐 버렸고 글과 내용도 단숨에 암기해 버린 것이다. 그래서 그는 오랫동안 전수해온 비본秘本을 태워 버린 것이다.

오랜 시간이 지나고 응진 화상이 "전 날 네게 준 원상圓相을 비장秘藏해 둬야 한다."고 하자, 앙산은 태연히 "그때 보고 나서 태워 버렸는데요." 하고 정직하게 대답하였다.

응진 화상應眞和尙은 놀란 표정을 지으며 "그렇게 소중한 것을 태워 버리다니…." 하고 따지자, "한 번 보고 뜻을 알았으니 언제까지 책 따위를 갖고 있을 필요가 뭐 있습니까?" 하고 반문하였다.

"너는 한 번 보고 다 알았으니 되겠지만 후세 사람은 그 책이 없으면 뜻을 모르지 않느냐!" 하고 거듭 추궁하자, 앙산仰山은 "그렇게 소중한 책이라면 제가 써서 새것을 만들어 놓죠." 하고는 붓을 들고 써 내려가자 원본과 일자 일획도 틀리지 않았다.

앙산의 천재적 재능을 엿볼 수 있는 일화逸話이다.

임제는 스승 황벽의 편지를 들고 위산을 친견할 기회를 가질 수 있었다. 그리고 소석가小釋迦라고 불리는 앙산도 만날 기회를 갖게 되었다.

임제가 대기대용大機大用을 갖춘 수행인이라면 앙산은 돈오적頓悟的 혜안과 예지를 갖춘 출격장부出擊丈夫였다. 이때 앙산은 스승의 슬하에서 절에 찾아오는 손님을 안내하고 접대하는 소임을 맡고 있었다.

임제가 나타나자 두 사람은 천년의 지기처럼 반가워하였다.

그리고 위산에게 전할 편지를 건네주자 앙산이, "이것은 황벽 스님의 것이고, 그대의 것은 어느 것이오." 하고 시험하자 임제가 손바닥으로 후려갈겼다. 앙산이 임제의 손을 붙잡으며 말하였다.

"서로 뜻을 통하고 교감하였으니 그만둡시다."

앙산이 아니면 임제를 시험할 수 없다. 그만큼 내적內的 통찰이 열려 있었다. 앙산은 스승인 위산과 함께 그 당시 선지식들이 깨친 내용을 하나하나 점검하면서 자신의 개안과 체험적 지혜를 드러내 보였다.

임제가 위산을 하직하고 나오자 앙산은 전송하면서 예언자처럼 한마디 하였다.

"노형께서는 뒷날 북쪽으로 가시면 머무르실 곳이 있을 것입니다."

"무슨 그럴 일이 있겠소."

"가기만 하시면 그 뒤로 한 사람이 나타나 노형을 보좌해 드릴 것입니다. 그런데 이 사람은 머리만 있지 꼬리는 없으며 시작은 있고 끝이 없을 것입니다."

뒷날 임제가 오랫동안 주석하게 될 진주鎭州에 이르자 기행奇行과 파천황의 삶을 산 보화普化 스님이 머물고 있었다.

보화 화상은 그야말로 거칠고 야성적이었으며 구속이 없고 어느 한곳에 머물거나 얽매임이 없는 자유를 누린 수행인이었다. 그의 지혜와 안목은 임제를 뛰어넘었고 때로는 임제를 당황하게 만들기도 하였다.

어느 날 임제는 신심이 돈독한 신도 한 분의 공양에 초청을 받고 보화 스님과 같이 참석하였다.

임제는 보화의 얼굴을 힐끔 한 번 쳐다보고는 "터럭 하나가 바다를 삼키고 겨자씨 한 알에 수미산을 담는다고 하는데, 이것이 신통묘용인가 아니면 근본바탕이 원래 그런 것인가." 하고 물었다.

보화는 임제의 말이 끝나자 눈앞에 진수성찬을 놓고 밥맛이 떨어지는 소리를 한다고 신경질적인 반응을 보이더니 밥상을 걷어차서 엎어 버렸다.

임제가 "몹시 거칠다."고 책망을 하자, "여기가 어디길래 거칠고 세밀하다 하십니까." 하고 빈정거렸다.

임제는 보화 화상의 거친 모습이 못마땅하였지만 인연과 경계에 집착하지 않는 자유를 배울 수 있었다.

보화 스님의 기행奇行은 때로는 광풍狂風을 일으키고 때로는 격외格外의 진의를 드러내는 행동으로 이어졌다. 그가 미친바람을 일으킬 때는 전통적인 인습에 사로잡힌 사람들은 오히려 이상한 쾌감을 느끼게 하였다.

어느 날이었다. 보화 스님이 길거리에서 설법을 하면서 그는 "나에게 옷 한 벌을 시주하라."고 청했다. 평소 다 떨어진 누더기를 입고 다니던 그가 옷 한 벌을 시주하라고 청을 하자 많은 사람들이 다투어 장삼長衫을 새롭게 지어 주었으나 그때마다 "내가 요구한 옷은 이런 옷이 아니라"고 거절하였다.

그는 평소 새 옷을 갈아입는데 신경 쓰지 않았고 옷이 낡아서 떨어지면 다시 천 조각으로 기워서 누더기를 만들었다.

그의 누더기는 수행의 무게를 상징하는 옷이었다. 그 누더기 속에 신통과 묘용이 담겨 있었다. 장삼을 거절한다는 소식을 들은 임제는 절 살림살이를 관장하고 있는 원주院主를 불러 시장에 가서 관棺 하나를 사오게 하였다.

보화普化가 문을 열고 들어서자, "내 그대를 위해 옷 한 벌을 장만해 두었네." 하고 원주가 시장에서 사 온 관을 가리키며 입고 다니라고 하였다.

보화는 관을 짊어지고 길거리로 나와 사람들에게 마치 미친 사람처럼 외쳤다.

"임제 스님이 나에게 장삼 한 벌을 만들어 주었다. 내일 동문東門으로 가서 세상을 떠날 것이다."

그는 관을 지고 동문에서 남문으로 자리를 옮겨 다니면서 말하였으나 세상을 떠나지 않았다. 사람들이 그의 말을 믿지 않았다. 나흘째 되던 날, 그는 행인에게 오늘 떠날 것이다. 말을 한 후 관 속으로 들어가 지나가는 행인에게 뚜껑에 못을 치게 하였다. 순간적으로 이루어진 행동이었으나 소문이 퍼져서 사람들이 관을 열어 보니 몸은 어디론가 빠져나가 버렸고全身脫去 공중에서 요령소리만 들렸다.

선종사禪宗史에서 만들어진 사자성어四字成語가 있다면 눈여겨볼 글자가 바로 전신탈거全身脫去이다.

앉아서 열반한 것을 좌탈坐脫이라 하고 서서 입적한 것을 입망立亡이라 한다. 전신탈거란 온 몸이 자취를 남기지 않고 사라진 것을 의미한다.

앙산 스님의 예언은 적중하였다. 왜냐하면 임제가 북쪽인 진주鎭州로 자리를 옮겼기 때문이고 여기서 머리만 있고 꼬리가 없는 보화 스님을 만났기 때문이다.

임제와 보화 스님의 관계는 서로 밀접해서 어느 한쪽이 없다면 서로의 삶이 돋보이지 않았을 것이다. 그리고 보화의 전신탈거全身脫去는 거리낌 없는 생사해탈의 전형을 우리에게 보여 주었다고 말할 수 있다. 그리고 한결같이 생사의 굴레에서 벗어난 자유스런 경지가 무엇인가 보화 스님은 보여주고 있다.

임제 문하에 여러 제자들이 있었다. 다만 한 가지 아쉬운 것은 생몰연대가 명확하지 않은 점이다.

앉아서 가고 서서 가는 자유

홍화興化, ~925 존자를 비롯한 삼성혜연三聖慧然 스님이 등장하지만 주목이 가는 제자는 분양선소汾陽善昭, 947~1024와 관계지한灌溪志閑 선사이다.

두 제자는 스승의 슬하에 오래 머물지도 않았고 의지하지도 않았다.

독특한 수행가풍을 지니고 있었을 뿐 아니라 두 제자에 의해 열반의 새로운 전형典型이 만들어 지고 있음을 엿볼 수 있다.

특히 분양선소는 정진만 고집한 수행인이다. 자신이 거처하고 있는 절에 기와에 금이 가고 깨져서 비가 새어도 그것을 보수하지 않고 정진만 고집하였다. 융통성을 내보이지 않았다.

오히려 절을 보수하고 불사佛事를 일삼는 사람들이 있으니 지붕이 새고 절이 허물어져 보수하는 것은 그들이 해야 한다고 독특한 아집을 보인 수행인이다.

오늘 우리 주위를 보아도 사판事判에 몸담고 있는 수행인들은 정진보다는 절을 보수하고 절을 확장하는데 힘을 쏟는 경우가 많다. 특히 원력을 앞세워 가람을 보수하는 사람들이 거처하는 요사도 크게 확장하고 새로운 성전聖殿을 너무 화려하게 꾸미고 장식할 뿐만 아니라 지나치게 크게 지어서 보는 이로 하여금 압도당하도록 하는 경우가 많다. 내부의 성전은 황폐해 가고 속 뜰은 깨달음의 빛이 없는데 집만 덩그렇게 지어놓은 것이다.

분양선소는 한 번도 소임을 맡지 않았다. 항상 산속을 떠나지 않았고 조그마한 암자庵子에 거주하면서 정진만 계속하였다.

정진과 탐구는 자성을 깨닫는 결과로 이어졌고 생사를 밝힌 지혜는 밖으로 빛을 드러내어 많은 사람들이 스님을 존경했다. 그 고을 지방관은 한 번 친견할 기회를 달라고 요청했지만 그때마다 거절하였다.

수행자의 삶은 때로는 권력 앞에 무기력해 질 때도 있고 무모한 권력을 깨우쳐 주기도 한다.

선소 스님의 거절은 오래가지 못했다. 끈질기게 친견을 요청하고 사람을 보냈기 때문이다.

어느 날 선소는 모시러 온 관리와 얼굴을 맞대게 되었다.

지방관의 간절한 초청을 듣고 관리에게 먼저 길을 나서도록 하였다. 뒤따라가겠다는 말을 하자 관리들은 먼저 길을 나섰다. 그들이 모습이 사라지자 선소는 "내가 가기는 가지만 가는 길이 다르다."는 말을 남기고 문 밖으로 나와 먼 산을 한 번 쳐다보고 한 발자국 한 발자국을 옮겨 걸은 후 그 자리에 선 채로 입적入寂하였다.

마치 연기자가 자기의 죽음을 자유자재로 연출하듯 참으로 편안한 모습으로 입망立亡하였다.

그동안 안으로 쌓아온 깨달음의 힘이 밖으로 드러나는 순간이었다.

그리고 끝내 수행자로 분수를 지키고 세속의 권력과 야합하지 않고 시류時流에도 섞이어 들지 않았다.

행인行因 선사도 분양선소 선사와 같이 보행 열반에 든 분이다. 그는 중국 선종사에 잘 알려지지 않았고 다만 '전등록'에 간략한 행장行狀이 기록되어 있을 뿐이다.

그는 자신의 이름이 세상에 알려지는 것을 꺼려했고 회상會上을 차려서 대중을 지도하는 것을 즐거워하지 않았다.

다만 독거를 좋아했고 내심정관에 몰두하였다.

원래 안문雁文에 태어나 젊은 시절에는 유교를 익히다가 어느 날 모든 것을 버리고 출가하였다.

처음 처진處眞 선사를 친견하고 서로 마음에 계합한 것이 있어 스승과 제자의 인연을 맺었다. 이어서 강회江淮로 가서 여산 북쪽에 산山 모습이 마치 사람 다섯 손가락 같은 모양의 바위가 있음을 발견하고 그곳에 도착하여 주위를 살피자 바위 밑에 굴이 있어 수행처로 삼고 실참실구의 정진을 계속하였다.

원래부터 제자 두는 것을 원하지 않았고 대접받는 것이 싫어 모든 것을 몸소 처리하였다.

굴속에서 몇 해를 지내자 깨침의 빛이 세상에 드러났다. 그를 불수화상佛手和尙이라 부르고 뵙기를 청하는 사람이 늘어났다.

곁에는 시봉하는 제자는 없었으나 밤낮으로 산짐승들이 찾아와 선사의 주위를 떠나지 않았다.

비록 이름을 세상 밖으로 드러내지 않고 안으로 감추었지만 깨달음의 빛은 밖으로 펴져 나갔고 덕화는 사람들의 마음에 흠모의 정을 불러일으키게 하였다.

이때 군주가 뵙기를 청했으나 핑계를 내세워 거절하였다. 군주의 정성도 지극했다. 선사의 마음을 돌리기 위해 현서사賢棲寺에서 법회를 열어 주기를 간청했으나 이마저 거절하고 자취를 감추어 버렸다.

삼년 간 산속에 숨어 살다가 자신의 생애를 마무리하기 위해 다시 불수암佛手庵으로 돌아왔다. 선사를 맞이한 나무와 풀잎들도 반색을 하며 반갑게 맞이하였다.

나이가 들자 큰 절에서 시봉할 젊은 스님을 보내주었다.

몸이 몹시 불편하였지만 눕지 않고 정진을 계속하였다. 시자가 의사를 부르려고 하자 손짓을 하며 말렸다.

"나의 병은 의사도 고칠 수 없다. 부처도 이것을 고치지 못했다. 순리에 따라야 한다.”

며칠이 지나자 시자에게 말했다.

“그동안 너에게 많은 걱정을 하게 했구나. 내일 사시巳時가 되면 본래 모습으로 돌아갈 것이다.”

“스님 어디로 가시려고요?”

“모든 중생과 불조佛祖가 돌아간 곳, 그곳 말이야.”

다음 날 정오가 되자 선사는 방문을 열고 나와 하늘을 한 번 쳐다보고 다시 산천을 두루 살피더니 신발을 신고 몇 발자국 옮기다가 문득 그 자리에 서서 열반에 들었다.

육신은 움직이지 않고 정신만 빠져 나와 홀로 걷고 있는 것 같았다. 보행 열반이었다. 마치 생과 사를 한 손에 쥐고 있다가 필요할 때면 펴고 오므리는 자재함이 있었다.

누가 자신의 죽음을 이처럼 입체적으로 자유자재하게 연출할 수 있을까. 이것은 경이로움이고 한계를 뛰어넘는 자만이 누릴 수 있는 즐거움이다.

걸어가면서
입적하는 아름다운 열반

자신의 죽음을 입체적으로 연출한 선사들 가운데 대표적인 분이 관계지한灌溪志閑, ~895이다.

육신을 종이처럼 구겨서 손아귀에 넣었다가 다시 펴고 물구나무를 서는 등 육신을 자유자재하게 표현한 수행인들이 몇 사람 있다.

죽음의 입체화立體化는 해탈의 자유를 표현한 모습이다.

은봉隱峰 선사는 물구나무를 서서 입적하였고 승가란제僧伽難題, 부처님의 제자는 도량을 산책하다가 보리수 나뭇잎을 잡고 선 채로 입적入寂한 분이다.

열반의 이상적 모습을 구현한 선사들이다.

병으로 누워있는 사람들에게는 꿈같은 이야기로 들릴 수 있다. 무슨 힘을 갖추어 자신이 죽고 싶은 모습으로 죽음을 연출할 수 있는가, 범인으로서는 상상도 할 수 없는 경지일 수 있다. 죽음이 초월로 미화美化되면 슬픔은 반감된다.

관계지한 선사는 열반의 모습도 초월적이고 그 모습이 경이적이고 한편으로는 아름답기도 하다. 또 하나 밝혀 둘 것은 모든 선사들의 생멸 연대가 구체적이지 못한데 비해 태어난

연대는 물론이고 입적한 날짜까지 기록하고 있다.

그는 당나라 광종光宗 건녕乾寧 2년 5월 29일에 입적入寂하였다고 기록하고 있다.

일찍이 출가하여 일대시교一代時教를 섭렵하고 참선을 위해 여러 곳을 찾아 만행萬行을 하고 있었다. 눈 밝은 선지식을 만나기 위해서였다. 끝없는 물음을 던져 본래 자기모습이 보일 때까지 묻고 물어야 한다. 그의 탐구는 오랫동안 계속되었다. 그러나 내적 개안開眼으로 이어지지 않았다.

여러 선사들을 찾아 참문하였지만 의심은 풀리지 않았고 잠든 자아自我는 깨어나지 않았다.

그는 임제 스님이 계신 곳을 찾아갔다. 임제는 침상에 누워 있었다.

절을 하려고 허리를 구부리려고 하자 침상에서 벌떡 일어나 관계灌溪의 멱살을 잡고 "일러라. 빨리 말해 봐." 소리를 쳤다.

그 동작이 얼마나 날렵한지 날쌘 짐승이 먹이를 낚아채는 것 같았다. 이때 관계灌溪는 그동안 의심했던 덩어리가 걷히고 근원의 밑바닥에서 불빛이 일고 있음을 깨달았다.

관계는 태연히 임제의 눈을 정면으로 마주치면서 "네 알았습니다." 하고 절을 하였다.

임제는 그 자리에서 관계灌溪가 체험한 내적 개안開眼을 인가하였다. 수많은 얽매임에 갇혀 있다가 자신을 가두고 있는 틀에서 벗어나는 기분이었다.

깨침도 기다림이 있어야 한다. 모든 성취에 시련이 따르듯이 힘든 과정을 거쳐야 환희를 맛볼 수 있다. 그래서 삶도 제대로 성숙하려면 걸맞는 시간이 있어야 한다. 안으로 여물 시간이 있어야 성숙된 깨달음을 만날 수 있다.

관계는 깨달음을 성취하기 위해 수많은 세월을 기다렸고 피나는 정진과 탐구의 시간을 가졌다. 그리고 살을 베어내는 아픔과 참기 어려운 고통도 인내로 극복하였다. 치열한 정진과 탐구 그리고 살을 베어내는 아픔은 끝내 보석寶石같은 정신적 결정체를 일구어 내었다.

그리고 출가하고부터 무생無生의 지혜를 닦아 생멸이 없는 지혜를 얻었기 때문에 임종에 대한 두려움도 없었다.

관계灌溪 선사는 자신이 이승에 머물 시간이 얼마 남아 있지 않았다는 것을 깨닫고 있었다. 내색을 하지 않았다. 빈 몸으로 떠날 준비가 되어 있었다. 왜냐하면 눈에 보이고 움직이는 것은 변화하지만 영원히 죽지 않은 삶이 무엇이란 것을 깨닫고 있었기 때문에 당황하지도 않았다. 수행을 통해 익히는 것이 불생불멸이고 자성自性과 영혼은 태어나지 않고 죽지도 않는다는 것을 강조해 왔기 때문에 적멸寂滅의 순간을 즐겁게 기다릴 수 있었다.

그는 제자들을 향해 입적入寂을 입체적으로 연출한 분이 누구냐고 물었다.

제자 한 사람이, "앞서서 입적入寂한 조사들은 헤아릴 수 없이 많고, 서서 돌아가신立亡 분은 승가난제이며, 물구나무를 서서 입적入寂한 스님은 은봉 선사입니다." 그리고 말을 이어 가려고 하자, 관계 선사는 제자의 말문을 막고 "나는 서서 걸어가다가 입적入寂해야 기특하다고 하지 않겠느냐?" 하였다.

며칠 후 관계는 점심공양을 끝내고 제자들과 함께 도량을 산책하다가 문득 서더니 다시 걷기 시작하였다. 걸음이 흔들리지도 않았다. 그러나 옆에서 보는 사람들은 마치 혼령이 걸어가는 것 같이 가벼워 보였다. 그리고 더 이상 걷지 않고 움직이지 않았다.

입적入寂에 든 것이다. 자신이 말 한대로 보행 열반步行涅槃을 한 것이다. 육신을 그대로 세워 두고 혼령만 빠져나간 것 같았다.

평소부터 그는 누워서 죽는 일은 일반인들의 죽음과 같다고 생각하였고 일종의 수치라고 믿었다. 그리고 서서 열반하는 것은 기특한 일이나 걸으면서 죽는 일이야 말로 해탈의 새로운 전형이라고 생각했다. 그는 다른 선사들의 열반과 똑같은 모습으로 입적하는 것을 창조적 열반이 아닌 흉내라고 믿고 있었다. 그래서 걸어가다가 열반한 것이다. 관계 선사는 지금도 무생無生의 삶을 살면서 가고 싶은 곳을 찾아다니는 순력을 계속하고 있는지 모른다.

이처럼 육신의 낡은 틀을 벗어 버리고 법신을 이룩한 분들은 대부분 입적人寂을 통해 초월적 기행奇行을 남기고 있다.

특히 육신을 산 짐승들의 먹이가 되게 하라고 유언을 남긴 분들은 자기가 버린 육신을 힐끔 힐끔 쳐다보며 짐승들이 그것을 먹고 있는지 엿보면서 낄낄거리며 웃는 것 같기도 하다.

죽음을 앞두고 있는 우리들은 이런 초월적인 입적 앞에 초라해지고 왜소해지기도 하고 몽둥이로 한 대 맞은 기분이다.

삶이 성숙하려면 안으로
여물 시간이 있어야

설악산에 들어와 토굴을 짓고 생활을 시작한 지 벌써 5년이 되어가고 있다. 세월은 쉬지 않고 흐르고 육신은 그만큼 기력을 잃고 있다. 체력이 떨어지는 것을 젊은 시절에는 느낄 수 없었는데 칠십이 넘고부터는 하루하루가 다르게 몸의 변화를 느낄 수 있다.

젊은 날 치솟던 애욕은 사라지고 구하고 얻고자 하는 욕망도 줄어들었다.

그리고 내면에는 커다란 빈 공간이 이루어져 고독은 더욱더 깊어지고 있다. 그래서 홀로 있는 시간이 길어지고 자기의 내면을 들여다볼 수 있는 기회가 많아졌다.

그동안 살아오면서 스스로 만들었던 인연의 고리도 칠십이 넘고부터는 스스로 사라지는 것도 있고 깨달음을 통해 고리를 풀어버리는 경우도 있었다. 구하고 얻는 욕망이 줄어들자 삶은 훨씬 가벼워졌고 환경의 얽매임에서 벗어나는 자유가 있었다.

우리를 부자유스럽게 하는 것을 따져보면 외부적인 여건과 환경의 탓도 있지만 보다 근본적인 것은 우리 마음속에 도

사리고 있는 탐욕과 증오심, 무지에 원인이 있다.

그래서 수행인은 하루 한 번씩은 회초리를 들고 성찰하고 반조하는 시간을 갖고 잘못이 있으면 매질을 하여 자기를 일으켜 세워야 한다. 그리고 생활의 타성에 빠져 있는가를 살펴야 한다.

누구나 반복되는 생활 속에서 빠지기 쉬운 것은 안주安住이다.

생활에 안주해 버리면 자신도 모르게 습관이 몸에 배고 타성이 이루어지기 마련이다. 습관에 길들어지고 안주의 틀에 갇히면 어쩔 수 없이 퇴행에 빠질 수밖에 없다. 수행인이 경계할 일이다.

타성에 젖은 습관의 중독자가 되지 않기 위해서는 늘 깨어있어야 한다. 그리고 하루 한 번씩 자신을 새롭게 길들이는 정진의 시간을 가져야 한다. 정진이 불사不死의 길이란 뜻도 여기에 있다.

정진만이 자기를 향상시키고 자신을 새롭게 형성시킨다.

그래서 늘 깨어있는 정신이 필요하고 자신을 새롭게 길들이는 일을 중지해서는 안 된다.

체험을 통해서 깨달은 일이지만 얽매임에서 벗어나는 일은 놓아버리는 데에서 출발해야 값진 성과가 이루어진다. 그리고 분별을 하는 데에 집착하지 않을 때 내가 내 것에 얽매이지 않고 인연의 밧줄에 묶이지 않는다는 것을 여러 차례 경험하였다.

특히 내 것이란 소유욕에 사로잡히면 집착의 늪에 갇혀 시야가 좁아지고 올바른 깨달음은 사라지고 만다.

늙어갈수록 자기 응시의 시간을 많이 가져야 한다. 내적 개안開眼은 정진을 통해 이루어지고 내려놓는 데에서 집착에서 벗어나는 길이 열린다. 내려놓고 텅 비어있을 때 근원을 볼 수 있는 안목이 이루어진다.

우리가 자신들이 지니고 있는 본래면목을 만날 수 있는 곳은 바로 마음이다. 신神과 부처를 만날 수 있는 곳도 마음이다.

정진을 통해서 안으로 눈이 열리고 응시가 깊어지면 자기 근저에 가까이 접근할 수 있다. 습관과 타성의 늪에 빠져 있으면 안으로 눈이 열리지 않는다. 텅 비울 때 새로운 눈이 열리고 밝은 귀가 트인다.

지천명知天命의 나이가 지나면 반드시 낡은 습관과 독선적 사고를 미련 없이 떨쳐 버리고 노쇠해진 자신을 다시 한 번 일으켜 새롭게 거듭나는 정진을 해야 한다.

특히 나이가 들어 탐구하는 노력을 하지 않게 되면 인생이 녹슬고 보기에도 흉한 노후가 따르게 된다. 또 하나 경계할 일은 부질없는 과거의 경력에 집착하여 권위를 앞세우면 사람들이 외면하고 만다는 것을 잊어서는 안 된다.

체험적 지혜만이 사람을 감동시킬 수 있고 모든 허물을 탓하지 않고 껴안는 넉넉한 포용력과 따뜻한 눈길을 가지고 있을 때 존경받을 수 있다. 그리고 자기 자신은 좁은 틀 속에 갇혀 있으면서 열린 사람처럼 행동하지 말아야 한다. 텅 빈 눈으로 살피면 그 위선이 바로 들통나고 만다.

그래서 마음을 따라 거슬림이 없는 연령, 고희古稀에 이르면 내려놓는 마무리를 게을리해서는 안 된다.

인간은 누구나 할 것 없이 내려놓는 일에 익숙하지 않다. 오히려 내려놓는 것을 두려워한다. 낡은 습관과 사고도 그렇고 지니고 있는 것이 재산이면 버리고 내려놓는데 주저하고 만다. 그러나 마지막 모든 것을 그대로 남겨놓고 떠날 순간을 생각하고 마무리를 미리 해 두어야 한다. 삶을 배운다는 것은 내려놓는 것을 배우는 일이다. 집착은 살아있을 때 가능하지 죽음 앞에서는 모든 것을 내려놓아야 한다.

집착은 우리가 지닌 모든 문제의 근원이다.

괴로움의 원인을 밝혀 보면 집착, 즉 애착에서 비롯되고 있다는 것을 발견할 것이다. 삶을 통해서 축적한 것은 괴로움이다.

재산도 많아지면 이로 인해 괴로움이 따른다. 인간의 근심은 내 것이라고 집착한 물건 때문에 일어난다. 그러나 자기가 소유한 것은 영원한 것이 아니다. 이 세상에 있는 것은 모두 변하고 없어지는 것임을 깨닫고 집착과 욕망의 짐에서 벗어나야 한다.

죽음이 닥치면 제 몸도 제 것이 아님을 깨닫게 될 것이다.

껍데기에 집착하지 말고 실상을 볼 수 있는 안목을 열어야 한다. 텅 비우지 않고는 실상이 드러나지 않는다. 비록 비우고 내려놓는 일이 어렵다 하더라도 미리 연습을 하고 닦아내면 그것이 끝내는 정진으로 이어지고 얽매인 매듭도 풀게 될 것이다.

현존하는 자신이 조금이라도 자유스러워지려면 내려놓고 버려야 갇혀 있는 곳에서 벗어날 수 있음을 깨닫게 될 것이다.

고통이 있을 때 안으로 눈이 열린다

설악의 봄은 다른 지방보다 더디게 온다.

봄기운이 있다가도 눈이 내리고 찬바람이 불어 움츠러들고 만다. 남쪽에서는 꽃이 피었다는 소식이 전해져도 이곳은 꽃망울도 맺히지 않고 있다. 오히려 눈이 내릴 때도 있고 찬바람이 불어 다시 겨울이 온 것이 아닌가, 착각할 때도 있다. 마치 하늘과 땅의 눈치를 보면서 걸어오다가 멈추고 따뜻한 햇살이 쏟아지면 발길을 옮기는 것 같다.

그래서 설악의 봄은 더디다.

남쪽에 꽃이 졌다는 소식이 전해지면 그때야 꽃망울이 맺히고 여린 잎이 돋기 시작한다. 꽃이 필 것이라고 기다리고 있으면 날씨는 변덕을 일으켜 눈발을 뿌리고 찬바람이 불어 개화開花를 멈추게 한다.

계절의 시샘이 몇 번 되풀이되어야 꽃이 피고 잎이 돋는다.

그래서 꽃이 피어도 탐스럽지 않고 잎도 왜소하다.

봄이면 누구나 깨닫는 일이겠지만 저 아름다운 생명이 어느 곳에 있다가 우리 앞에 오는 걸까 한 번쯤은 생각했을 것이다.

생명의 탄생은 언제나 신비스럽고 새롭다.

그리고 탄생에는 신열이 일고 통증이 수반된다. 사람들은 대부분 아름다운 꽃이나 향기에 관심을 갖고 있을 뿐 꽃이 필 때 일어나는 통증에는 관심이 없다.

이곳으로 옮기고 나서 나는 그동안 몸에 익혔던 습관과 타성을 버리기 위해 스스로 지킬 수 있는 생활 규칙을 정했다.

젊은 날같이 몸이 잘 움직이지는 않지만 정신적 굳은살이 박히지 않도록 새벽 2시 반이면 일어나서 예불을 드리고 참선과 독서를 한다. 화두話頭를 참구하면서 잠들어 있는 자아自我를 일깨우고 끝없는 물음을 던져 본질에 가까워지는 정진을 한다.

그리고 다시 질문을 한다. 내 안에 무엇이 잠들어 있어 숨을 쉬게 하고, 무엇이 있어 보고 듣고 꿈을 꾸게 하고, 좋고 나쁜 것을 분별하게 하고, 무엇이 있어 그리운 사람을 기다리게 하는가.

'이 뭣고' 화두話頭를 통해 질문을 던지면 정신은 어느 때보다 투명해지고 또렷해진다. 그리고 집중과 몰입이 시작되고 사유思惟가 깊어지고 있음을 깨닫는다.

비록 자기 근저에 그 정신이 미치지 못하더라도 깨어 있는 정신으로 사물事物이 움직이는 소리를 들을 수 있는 것만으로

도 하나의 축복이다.

그리고 기다려야 번뇌가 사라지고 참으로 오랫동안 기다렸던 그리움이 다가서 오는 것을 깨달을 수 있었다. 정진이 아니면 체험할 수 없는 나만의 법열法悅이었다. 정진을 해야 안으로 눈이 열리고 귀가 틔어서 자신의 잠재력을 일깨울 수 있음을 알 수 있었다.

새벽녘이 되자 봄비가 내렸다.

연둣빛 새싹들이 간밤에 푸르름으로 변해 있었다. 비를 맞은 잎들은 바람에 기지개를 켜며 춤을 추는 것 같았다. 마치 생기를 찾은 듯 반짝반짝 빛을 내뿜고 있었다. 한참동안 산을 바라보았다.

청록으로 차려 입은 봄 산이 물결처럼 굽이쳐 뻗어가는 것 같았다. 그리고 구름은 길게 뻗은 산허리를 타고 흘러가고 산뼈가 구름 가운데 송곳처럼 솟아 있었다.

산 빛은 눈빛따라 움직였다. 그 아름다운 빛깔들이 눈빛을 거두면 창문 앞까지 다가서고 물소리가 방 안까지 스며들었다.

다시 가부좌를 틀고 자세를 고쳐 화두話頭를 참구하였다. 서두르지 않고 누군가 기다리는 마음으로 앉아 있었다. 맑은 영혼이 되돌아올 때까지 기다리고 싶었다.

그동안 나는 영혼이 맑아질 때까지 인내심을 갖고 기다리지 못했다. 그래서 정진을 통해 얻은 깨달음도 설익어 있었다. 정신과 사유思惟가 깊어지는 것, 고통과 시련을 참는 과정을 거치지 않으면 이루어지지 않는다.

그래서 인간의 숭고한 정신은 항상 고통 속에서 다듬어지고 깊어지는 것이다.

중국의 황벽 선사도 뼛속에 사무치는 추위를 거치지 않고는 매화꽃의 진한 향기를 기대하지 말라고 말하였다.

그래서 정진을 할 때는 자신을 백척간두까지 몰아가서 주저하지 말고 뛰어내리는 용기가 있어야 한다. 백척간두란 얽매임의 틀이고 생사의 속박이다.

그동안 나는 가부좌를 틀고 앉아 정진만 계속했지 마음을 백척간두까지 몰고 가지를 못했다. 때로는 망상에 사로잡혀 시간을 흘려보냈고 혼미한 생각으로 멍청이 앉아 있을 때가 많았다.

그래서 눈 밝은 선지식들은 참선할 때 두 가지를 경계해야 한다고 주문하고 있다. 하나는 혼침昏沈이다. 혼미한 정신 상태로 깊은 잠에 빠져 화두를 잃고 정진하는 모습이 혼침이다.

그 다음은 도거掉擧이다. 화두話頭를 참구하다가 망상에 사로잡혀 있거나 지난날 추억을 떠올려 있는 상태인데, 곁에서 보면 졸고 있는 것도 아니고 그렇다고 참다운 정진이 계속되는 것은 아니다.

마음속에 닦음이 쌓이기 위해서는 엄숙한 시련을 거쳐야 하며 그럴 때 깨침의 가치를 얻을 수 있다. 깨달음을 얻은 뒷면을 살펴보면 피나는 정진과 탐구가 있었다. 살을 베어내는 아픔과 고통 속에서 정신적 결정체는 이루어졌다.

선종사禪宗史에서 가장 존경받는 육조혜능六祖慧能도 돌짐을 지고 디딜방아를 찧는 과정을 거치고 나서 자기 본래면목을 깨달을 수 있었다. 어깨가 무너지는 고통도 참았고 힘이 부쳐 쓰러질 것 같은 탈진도 견디어 내어 끝내 내적으로 눈이 열렸다.

달마達磨 스님에게 최초로 법을 이어받은 혜가慧可의 구도는 우리에게 충격을 주고 있다. 진리를 구하고 깨달음을 얻기 위해 눈이 한 길이나 쌓인 눈 속에서 밤샘을 하면서 청법을 했으나 달마의 마음은 움직이지 않았고, 반응이 없자 팔 한쪽을 잘라 바치고 나서 진리의 문에 들어설 수 있었다.

그리고 도신道信 선사는 달마의 법을 받아 중국 선종禪宗의 4조四祖가 되신 분이다. 선사禪師는 누구보다 피나는 정진을 한 분이다. 한 번 가부좌를 틀고 앉으면 자리에서 일어날 줄 몰랐다. 참구가 깊어지자 그는 아예 눕는 것을 포기해 버렸다. 참선하는데 반드시 있어야 할 장좌불와長坐不臥의 길을 최초로 여신 분이다. '전등록'에 실린 그의 행장行狀에는 30년이 넘는 세월동안 한 번도 눕지 않았다고 전하고 있다.

우리에게 잘 알려진 경허鏡虛 스님은 동학사에서 학인들을 가르치다가 방학을 틈타 스승 계허桂虛 스님을 만나기 위해 길을 나섰다가, 천안天安 지방에 이르러 그 당시 유행하고 있던 콜레라에 걸려 다시 동학사로 돌아와서 자리에 눕고 말았다.

몸은 불덩어리가 되었고 설사는 그치지 않았다. 탈진상태가 되어 그는 처음으로 나고 죽는 문제에 직면하였다.

죽음이 육신을 점령하고 있음을 처음으로 체험하였다.

문을 걸어 잠그고 창문에 문구멍 하나만 만들어 놓고 가부좌를 틀고 앉아 화두話頭를 든 채 죽음을 기다렸다. 하루 물 몇 잔을 먹고 다른 음식을 목구멍으로 넘기지 않았다.

그동안 경전經典을 통해 알았던, 나고 죽음이 없다는 말이 허튼소리였고 생사가 둘이 아닌 하나란 말도 사어死語에 불과했다.

그렇다. 죽음에 절망해 본 사람만이 생사가 합일한 세계를 알 수 있다.

경허의 투병생활은 3개월 넘게 계속되었다. 다행히 목숨을 잃지 않아 설사는 그치고 불덩어리 같은 열은 아주 천천히 사라졌다.

그의 정진의 힘은 병을 극복하는데 무섭게 발휘되었다. 설사로 인해 몸에 살이 빠져나가자 정신은 뚜렷해졌고 집중과 몰입은 깊어졌다.

그리고 생사의 관문을 뛰어넘는 기쁨을 만끽할 수 있었다.

얼마나 기뻤는지 방문을 발로 차서 열고 마당에 나와 덩실덩
실 춤을 추었다고 전해지고 있다.

생사에 갇혀버린 자성自性을 드러내기 위해서는 대분심大憤
心이 있어야 한다. 한 번 가부좌를 틀고 앉으면 그 자리에서
죽겠다는 무서운 용기와 결의가 있어야 하고 앉아서 적멸寂滅
을 이루겠다는 기다림이 있어야 한다.
    중국 선종사에 이름을 남긴 석문石門 스님은 자신에게 청법
을 하러 온 이부라는 벼슬아치를 얼마나 혹독하게 다루었는
지, 훗날 깨침을 얻고 나서 다음과 같은 게송偈頌을 지어 받친
일이 있다.

    도를 배우려면 반드시 무쇠로 된 놈이라야 하리니
    처음 시작하는 마음에서 결판내도록 하라.
    곧 바로 위없는 깨달음에 나가려거든
    일체의 시비에 상관하지 말라.

무쇠와 같은 신심, 그리고 앉은자리에서 물러나지 않겠다
는 불퇴전의 결의가 있어야 점철금성點鐵金成의 경지를 누릴
수 있다.
    내 몸 안에 잠들어 있는 자성自性을 깨우고 부모가 태어나
기 전부터 있었던 본래 모습을 자기 앞에 실현하기 위해서는

무쇠와 같은 사람이 되어 기다려야 한다. 특히 수행인은 자성自性을 탐구해야 할 출가 정신을 갖고 있다. 그리고 살아 있는 자성自性이 삶과 죽음의 틀에 갇히게 해서는 안 된다.

오래오래 앉아서 기다리고 어둠이 깊어지고 가득 차면 보석 같이 눈부신 햇살이 자기 내부에서 쏟아지기 마련이다.

영혼이 맑아질 때까지 기다려라

출가자에게 안거安居가 있다는 것이 얼마나 다행스런 일인지 체험하지 않고는 모른다.

참선하는데 필요한 가부좌하는 여법한 자세나 화두話頭를 들지 않더라도 집중과 몰입을 할 수 있고 기다림의 시간을 가질 수 있기에 이보다 값진 일은 없다. 기다림의 세월을 동반하지 않으면 성숙되지 않고 깨달음이 이루어지지 않는다. 삶이 제대로 완성에 가까워지려면 걸맞는 시간이 필요하다.

안거安居는 안으로 깨달음이 여무는 시간이다. 그리고 내부에서 보석 같은 정신적 결정체가 영그는 시간이다. 끝없는 물음을 통해 자아自我를 일깨우고 응시의 시간을 통해 본질에 가까워지는 시간이기 때문이다.

그리고 여기에는 반드시 얽매임에서 벗어남이 있어야 하고 자신의 틀 속에 갇히지 말고 뛰쳐나옴이 있어야 한다. 버리지 않고는 자유가 시작되지 않고 내려놓지 않고는 갇혀 있는 곳에서 벗어날 수 없다.

우리가 넘겨볼 수 없는 곳을 볼 수 있는 것도 안거安居를 통해 가능하고, 말이 끊어진 곳에서 한 발자국 나아갈 수 있는 것도 응시를 통해서 가능하다. 그리고 마음으로 갈 수 없는 곳을 넘어 자유자재하게 움직이고 있는 마음이 있다는 것을 발견할 것이다.

어느 곳을 가도 막히거나 걸리는 데가 없고 천만 가지로 응용하지만 응용하는 틀에 갇히지 않고 눈앞에서 홀로 빛나고 있음을 깨닫게 될 것이다.

조선조 눈 밝은 선지식인 월봉月峰, 1624~? 선사는 참선을 통해 얻은 자유스런 모습을 다음과 같이 표현하고 있다.

할 일을 모두 마친 사람
저 허공을 활활 활보하네.
어둠이 있는 곳에도 갇히지 않고
이 우주宇宙 어디에도 구속되지 않네.

할 일을 모두 마친 사람은 나고 죽음에서 벗어난 사람이다.

불교에서 가장 큰 일을 생사대사生死大事라고 한다. 나고 죽는 일이 가장 큰 일이란 뜻이다.

월봉 선사는 생사를 해탈한 사람이 자유롭게 행동하는 모습을 허공 속에서 활보하는 것 같다고 말하고 있다. 그리고 그 자유는 어둠이 있는 곳에서도 갇히지 않고 이 세계 어느 곳을 다녀도 속박되거나 걸리는 데가 없다고 그 즐거움을 노래하고 있다.

안으로 눈이 열리고 자유스러워지기 위해서는 앞에서도 이야기했듯이 기다림이 있어야 한다. 누구나 가부좌를 틀고 앉아 있다고 해서 화두가 여일하게 참구되는 것은 아니다. 앉아서 졸게 되는 경우도 있고 망상에 사로잡혀 눈만 뜨고 있을 때도 있다. 물론 색다른 경우를 체험할 수도 있다.

내 스스로 경험한 일인데 오랫동안 앉아 있으면 내 몸은 항아리처럼 텅 비어 있는 때가 있었다. 마음속에 가득했던 이름 모를 상념들이 송두리째 어디론가 사라지고 텅 비어 있을 때가 있었다.

이때 내 안을 들여다보고 있으면 처마 밑을 스치고 지나가는 바람소리가 들리고 물소리도 쌓인다. 그런데 내 안을 빠져 나간 상념들은 돌아오지 않다가 자정이 되어 하나 둘 물소리, 바람소리와 몸을 섞으면서 내면에 돌아와 고이 잠들고 있음을 경험하게 된다.

나는 이때 이 상념들이 참선을 방해하는 것들이라고 탓하지 않는다. 비록 그 상념들이 번뇌로서 짜증스럽고 마음의 찌꺼기일지라도 나는 참으로 사랑스럽게 받아들였다. 그리고 때론 이런 번뇌마저 없었다면 얼마나 허전했을까 자위하기도 한다. 비록 번뇌의 정체를 파악하지 못하고 있지만 그것이 나의 사랑스런 분신이라고 생각한다.

수행자의 마음속에 번뇌가 있어서는 안 되겠지만 나는 간

혹 이 번뇌를 사랑한다. 형체가 없는 상념들이지만 그것은 한 부모 밑에서 태어난 자식들과 같이 애정이 갈 때가 있다. 왜냐하면 번뇌가 삶의 근원이기 때문이다. 그리고 번뇌가 있어야 깨달음이 일어나고 어둠이 빛이 된다.

곤해서 잠들어 있는 상념들을 살피다 보면 문득 내 안에 내가 알 수 없는 수많은 내가 숨어 있음을 깨닫게 된다. 수많은 모습들은 때로 분노를 통해 나타나기도 하고 자비스러운 일이 생겼을 때 드러날 때도 있다. 그뿐 아니다. 닦아도 사라지지 않는 어둠도 있고 언젠가 밖으로 뛰쳐나올 슬픔도 있다.

나는 이러한 깨달음의 바탕 위에서 슬픔 하나를 받아들이는 마음을 길러야 되겠다고 생각한다. 그리고 고통을 참고 견디는 인내심 하나를 준비해야 되겠다고 각오를 한다.

그리고 남의 허물과 잘못을 너그럽게 이해하고 받아들이는 용서하는 마음을 더욱 크게 가져야 타인의 닫힌 마음을 열 수 있다고 믿었다. 또 한 가지는 내가 습관과 타성에 빠져 있거나 잘못했을 때 꾸짖고 매질을 할 수 있는 회초리 하나를 들고 있어야 나를 올바르게 이끌어 갈 수 있다고 다짐한다.

그리운 선지식 경봉 선사

정진이 깊어지면 정신적인 여러 형태가 나타나 혼란에 빠질 때가 있다. 잘못 인식하면 깨달음으로 받아들이는 경우도 있고 그것이 견성見性을 방해하는 정신적 마장魔障임을 모를 때도 있다.

이때는 반드시 선지식을 만나 정신적 의문을 털어놓고 바른 견해를 결택 받아야 한다. 자기 스스로 판단하는 어리석음을 피해야 한다. 선지식이란 그때그때 눈을 열게 하고 깨우쳐주는 눈 밝은 사람이다.

상대의 근기를 살피고 돈오적頓悟的 직관으로 상대의 마음을 헤아려 내적 개안開眼을 할 수 있도록 이끌어주는 분이다.

줄탁啐啄의 지혜를 가진 분이 선지식이다. 근기에 투합하는 방편으로 안에서 여물고 있는 보석을 밖에서 끄집어 낼 수 있도록 역할을 하는 분이 선지식이다.

중국 선종사禪宗史에 등장한 선사들을 보면 한결같이 눈 밝은 선지식을 만나 깨달음을 얻고 있음을 볼 수 있다. 선종에서 성인으로 추앙받고 있는 육조혜능도 오조홍인五祖弘忍을 만나 안으로 눈이 열릴 수 있었다.

악담惡談으로 유명한 운문문언雲門文偃, 864~949은 어려서 출가하여 계율을 존중하는 수행인에 불과하였다.

그는 계율이 깨달음을 이루는 그릇이라 생각하여 율종律宗에 경도되어 있었다. 운문은 자신이 계율에 얽매여 있음을 깨닫고 그 당시 선지식으로 이름이 알려진 목주睦州에 자리 잡고 있던 진존숙陳尊宿을 찾아가 법을 물었다.

진존숙은 사람의 근기를 살피는 뛰어난 안목을 지닌 선지식이었다.

운문을 친절하게 다룬 것이 아니라 아주 거칠게 몰아붙이는 선기禪機를 갖고 있었다. 그는 운문의 멱살을 잡고 "말해라, 말해 봐." 하고 소리를 쳤다. 운문이 당황하여 대답을 못하자 문밖으로 내쫓았는데 문을 닫을 때 발 한쪽이 문틈에 끼여 발가락이 깨어졌다. 아픔과 통증이 일어날 때 운문은 크게 깨달을 수 있었다.

그리고 우리에게 잘 알려진 백장百丈, 720~814 선사는 동진출가하여 처음에는 일대시교一代時敎를 배웠고 뒤에 마조馬祖를 친견하고 시자侍者가 되었다.

어느 날 스승을 모시고 길을 가는데 물오리 떼가 울며 가고 있었다. 백장은 그 소리를 집중하여 듣지 못했다. 그때 마조 선사가 물었다.

"저게 무슨 소리냐?"

"물오리 소리입니다."

"아까 그 소리가 어디로 갔느냐?"

"날아가 버렸습니다."

이때 마조는 돌아서면서 백장의 코를 잡아 비틀었다.

그는 아픔을 참지 못해 소리를 질렀다.

그때 마조가 다시 물었다.

"그래도 날아갔다고 말할 텐가?"

이 물음에서 갇혀 있는 틀을 허물고 뛰쳐나올 수 있었다.

이처럼 눈 밝은 선지식들은 상대의 근기를 살피는 눈과 그가 깨달음을 열 수 있는 그릇을 갖추고 있는가를 파악하여 때로는 거칠고 잔인한 방법을 동원하여 무명無明의 살점을 도려내고 본분本分을 밖으로 드러내게 하였다.

나는 그동안 우리 곁에 주석住錫하고 있던 선지식을 친견할 수 있는 기회를 여러 차례 가질 수 있었다.

교계敎界 신문사에서 소임을 보면서, 당시 각 산중山中에 주석하고 있던 지혜와 덕을 갖춘 노승들을 친견할 기회를 가질 수 있었다.

비록 신문에 게재할 명분을 앞세워 인터뷰 형식으로 만나는 일이었지만, 툭 트인 안목과 갈고 닦아서 체득한 내적인 힘을 내 나름으로 저울질해 보았다. 솔직히 말해 저울질한다는 것은 건방지고 무례한 표현이다. 다만 그분들의 일언일구一言一句가 내 가슴에 어떠한 힘으로 소용돌이 치고 선지禪旨가 얼마나 깊고 날카로운지 내 나름으로 느끼는데 불과하였다.

똑같은 정진의 틀 속에서 얻은 깨달음은 그 깊이가 달랐고 가풍家風 역시 개성에 따라 독특하였다.

중국 선사들처럼 거친 교수방법을 가진 분도 있었고 한마디 말에 가슴에 담아 두었던 것들이 녹아내리게 한 분도 있었다. 그리고 따뜻한 자비의 영토로 끌어들여 어둠에서 벗어나게 하는 선지식도 있었다.

다만 수행의 깊이와 숭덕崇德의 높고 낮음은 있었다.

그리고 허세와 과장을 앞세우는 분도 있었다.

미소 속에 감추어진
천둥소리 같은 할喝

　내가 친견한 선지식 가운데 지금도 잊혀 지지 않고 내 기억 속에서 각인되어 있는 분은 통도사 극락암에 주석하고 계셨던 경봉鏡峰 노사老師이다.

　노사에 대한 기억은 첫사랑을 잊지 못하듯 기억 속에 각인되어 떠올리면 가슴을 설레게 한다.

　높고 낮은 사람을 분별하지 않고 노유老幼를 가리지 않고 항상 온유하고 후덕한 인품으로 사람을 대했다고 표현하면 진부한 이야기가 될 것 같다.

　영축산보다 높고 넓은 가슴으로 껴안아 상처 난 마음을 치유케 한 후 서슬 푸른 기상으로 눈을 번쩍 뜨이게 하고 귀를 밝게 하신 분이 경봉 노사였다. 특히 안과 밖이 다른 위선도 찾아볼 수 없었고 세속의 헛된 욕망의 군살도 몸매 전체에서 발견되지 않았을 뿐 아니라 천진하고 소탈한 모습에서 삶의 운치와 여유가 몸에서 배어 나왔다.

　그리고 범인들이 근접할 수 없는 달관의 모습이 얼마나 자유스러운지 고개를 숙이고 무릎을 꿇지 않을 수 없었다. 아울러 누구도 흉내 낼 수 없는 초탈까지 지니고 있어 노사의 일언일구一言一句를 경청하지 않을 수 없었다.

사람을 차별하는 법도 없었고 높고 낮음의 지위地位를 가려서 만나는 일도 없었다. 그리고 몸에 밴 권위를 찾아볼 수 없었다. 마치 시골 노인처럼 앉아서 사람을 맞이하였고 입가에는 아름다운 미소가 머물러 있었다. 그리고 근기에 따라 말의 무게가 달라졌고 그릇에 넘치지 않도록 깨달음을 전했다. 너무도 천진하고 소탈한 인품에서 겸허함이 묻어 나왔고 따뜻한 눈빛이 가슴속을 파고들어 그 눈빛을 묻어 두지 않을 수 없었다.

그의 인품과 깨달음은 오랜 세월동안 갈고 닦아서 이루어낸 성취였고 엄혹한 시련을 통해 얻은 가치였다.

젊은 날에는 파격적破格的인 삶도 살았다. 산에만 머물러 있었던 것도 아니었고 부처에만 집착해 있지 않았다.

출세간을 넘나들면서 일탈逸脫도 있었고 때로는 취해 보기도 하였다.

자기 본분에서 한참동안 벗어나 있다가 자기 모습이 낯선 거리에서 방황하고 있음을 보고 다시 제자리로 돌아가 가부좌를 틀고 앉아 있다가 본래면목을 깨닫게 되었다고 한다.

선사의 오도송悟道頌에 나타난 것처럼 자신을 찾아 이 산에서 저 산으로 헤매고 때로는 저잣거리에서 기웃거리기도 하였다. 만산萬山 만수萬水의 고행을 모두 체험하고 나서 부처는 산에 있는 것도 아니고 저잣거리에 있는 것도 아니다, 눈앞에서 밝고 신령스러운 한 모습이 목전에 있음을 알았다고 하였다.

삼소굴三笑窟의 불노옹不老翁

경봉 노사가 머문 곳은 방장실方丈室이라기보다 큰 요사채에서 밀려나 외딴곳에 자리 잡고 있는 해우소解愚所보다 규모가 작았다.

'삼소굴三笑窟'이란 현판도 오히려 덩치가 큰 요사채보다 작아 눈길을 끌게 하였다. 특히 선사禪師의 글씨는 힘이 있고 뼈대가 있었으며 물이 흐르듯 획劃을 이루어 보는 사람으로 하여금 빨려들게 하였다.

젊은 날 글씨를 익히기 위해 내원사內院寺 골짜기 반석 위에다 글씨 연습을 했다고 한다. 아침에 시작한 글씨 연습은 해가 기울어야 멈추고 다시 날이 밝으면 반복하며 오랜 시간을 거쳐 달필의 경지에 이르렀다고 그의 문도門徒들은 전했다. 그 당시 스님을 친견한 사람들은 글씨 한 폭을 얻어가는 행운을 누렸고 그것을 가보家寶로 지닌 사람들도 많았다.

내가 대구에 있는 신도 한 분이 경영하고 있는 한약방을 방문했을 때, 그곳 주인인 거사居士가 머물러 있는 방 앞에 '무량수각無量壽閣'이란 현판을 보고 오랫동안 눈길이 멈추어 있자 거사居士는 경봉 큰스님께서 젊은 날 쓴 글씨라고 알려주었다.

글씨가 마치 살아서 꿈틀거리듯 힘이 넘쳐 나고 한 획 한 획이 조화롭게 잘 이루어져 있었다. 추사 글씨를 많이 보지는 못했으나 그 경지를 넘어서는 글씨였다.

큰 스님을 친견할 때마다 글씨 한 폭을 받았지만 그것을 탐하는 사람들 때문에 항상 빈손이었다. 이런 인연으로 가슴 속에는 큰스님에 대한 추억이 첫사랑을 했던 사람의 마음처럼 남아 있다.

선사禪師가 입적했다는 소식을 들었을 때 영축산을 버티고 있던 큰 나무 한 그루가 무너졌구나 생각을 하였다.

문상問喪하러 온 신도들은 인산인해를 이루고 있었다.

스스로 애도를 하기 위해 찾아온 신도들이었다.

스님이 열반한 그해 여름은 가뭄이 오랫동안 계속되었고 불가마 속 같은 폭염은 길을 걷는 사람들의 숨을 멈추게 할 만큼 더웠다. 신도들의 얼굴에는 땀이 물처럼 흘러내렸고 옷은 비에 젖은 것처럼 등짝에 달라붙어 있었다. 마치 대지가 활활 타고 있는 것 같았다.

영결식이 있는 날이었다.

만장輓幛을 든 행렬이 다비장까지 줄을 이었다. 극락암에서 다비장까지는 5리五里 길이었다. 그 5리 길을 인파로 가득 메웠고 만장輓幛의 깃발은 하늘을 가리었다.

신도들의 얼굴에서 슬픔 같은 것은 발견할 수 없었고 눈물을 흘리는 신도도 없었다. 마치 그리운 사람을 떠나보내듯 아쉬움이 있었고 그동안 기대고 의지하던 사람을 가지 말라고 붙잡고 있는 모습이었다.

그것은 생멸의 슬픔을 지나 적멸寂滅을 이루어 법열法說을 체험하는 모습이었다. 그래서 영결식이 슬픈 분위기가 아니라 조용하고 엄숙하면서 넉넉함을 느끼게 하는 분위기였다. 분명 그것은 생과 사死를 자유스럽게 넘나드는 노사老師의 해탈의 힘이었고 신도들에게 보인 노사의 본분本分 소식이었다.

운구運柩가 다비장에 이르고 의식이 끝난 뒤 관棺에 불을 붙이자, 하늘에는 갑자기 먹구름이 뒤덮었고 거센 바람이 불기 시작하자 주위는 밤처럼 어두워졌고 마치 포화가 빗발치며 쏟아지듯 우레가 천지를 진동케 하고 비바람이 몰아쳤다. 신도들은 놀란 표정으로 비를 맞았고 신기하고 신비스런 천기天氣의 변화를 처음 경험하는 것 같았다. 그리고 막연히 큰스님이 살아서 다시 우리 곁에 오시는 것이 아닌가, 믿고 있는 사람도 있었다.

노사老師의 열반에 해는 빛을 잃었고 그 슬픔을 이기지 못해 천둥이 치고 슬픔을 비바람으로 울먹였던 것이다.

소나기는 물동이를 쏟아붓듯 한 시간 동안 계속되었고 비가 그치자 오색 무지개가 다비장 위에 오랫동안 머물러 있었다. 다시 해가 뜨고 다비가 시작되어 뒷날 아침에야 이르러 끝났고 노사의 육신은 가고 옴이 없는 법신으로 완성되어 다시 태어나 있었다.

나는 그때 처음으로 입적入寂의 자유스러움과 풍류가 무엇인지 느낄 수 있었고 생멸을 지나 적멸이 즐거움이 되는 이치를 체험해 볼 수 있었다.

보검으로 송장을 베지 않는다

경봉 선사는 1892년 밀양에서 출생하여 1907년 16세 되던 해에 양산 통도사로 출가하였다. 집을 멀리 떠나지 않고 비교적 고향과 가까운 곳에서 출가의 삶을 시작하였다. 경전을 익혀 일대시교를 마치고 여러 곳을 탐방하여 안목을 넓혔다.

내심정관內心靜觀하는 정진은 계속되었지만 깨달음은 열리지 않았다. 한 번 자리에 앉으면 먹고 자는 것을 잊어버리고 엉덩이에 고름이 고이고 살점이 헐어서 빠져가는 것도 잊은 채 정진만 계속하였다.

점수漸修가 깊어지자 안에서 신령스런 빛이 밖으로 드러나기 시작하였다. 그리고 돈오頓悟의 내심자증內心自證에 이를 수 있었다.

선사禪師의 행장을 보면 깨달음을 성취한 시기를 1927년 11월 20일 새벽이라고 밝히고 있는 점이 눈길을 끈다. 그리고 선사가 남긴 서간집書簡集을 보면 그 당시 눈 밝은 선지식들과 빠짐없이 교류하였음이 밝혀지고 있다. 그만큼 폭넓은 교류를 통해 영적 교감을 했다는 것을 드러내고 있다.

그 가운데에서 당대 최고 선지식이라고 부르던 오대산五台山 한암漢岩 스님과 서신 왕래가 가장 많았고 그 내용 역시 선적禪的 가치로 평가 받을 만한 내용이 담겨 있다.

그 내용 일부를 살펴보면 두터운 우정도 담겨 있고 뜨거운 애정이라고 느낄 만한 내용도 있다. 그리고 서로의 밝은 견해를 교환하면서 돈독한 신뢰를 밝히고 있는 점은 후학들이 귀감으로 삼을 만하다.

특히 서신 가운데 주목이 가는 부분은 경봉 스님이 한암 스님에게 보낸 편지 내용이다. 한암 스님의 높은 경지를 흔들어 보고 안목을 시험하고 있기 때문이다.

"부처님께서 6년간 고행하신 후에 설산에서 나오셨는데 화상和尙께서는 무슨 애착으로 오대산을 떠나지 못합니까?"

"김운파, 백용성 두 스님이 입적하셨는데 지금 어디에 계십니까?"

그리고 "어떤 것이 스님의 열반의 길입니까?" 하고 물었다.

첫 번째 질문은 오대산에 오랫동안 주석하고 있는 한암漢岩의 가풍을 물은 것이다. 오대산에서 돌부처가 되어 움직이지 않고 있는 그 의중이 매우 궁금했던 모양이다. 한암 스님은 오대산으로 들어간 후 입적할 때까지 동구 밖 출입을 하지 않았다. 왕래가 끊어진 본분本分자리를 지킨 것이다.

그리고 김운파, 백용성이 입적을 하였는데 지금 어디에 계십니까? 하고 묻고 있는데, 누가 사후死後의 세계를 꿰뚫어 보고 향방과 안주한 곳을 말할 수 있겠는가. 육신을 벗어 버린 자성自性은 오고가는데 걸림이 없고 한곳에 안주하지 않는다. 다만 은현隱顯을 자재할 뿐이다. 만공도 세상을 떠난 경허 스님을 향해 천화遷化하여 지금 어느 곳으로 향하고 있습니까? 하고 물은 일이 있다.

세 번째 질문은 한암의 열반의 길을 묻고 있다. 임종에 다다라 어떤 모습으로 갈 것인가? 묻고 있는 것이다. 훗날 한암 스님은 앉아서 편안한 모습으로 입적하였다. 경봉스님의 질문을 좌탈坐脫로서 답변한 것이다.

그리고 생사의 틀에 갇히지 않는 해탈의 자유를 입증해 보였다.

그래서 한암 스님은 경봉 스님에게 보인 답신의 봉투 안에, 하얀 벽지에다 검은 점을 세 번 찍고 "가뭄이라 곡식이 없다하지 마시오. 사월 남풍에 보리가 누렇게 익었오. 악!"이라 써서 보냈다고 한다.

또 한 장의 편지는 전강田岡 선사와 법거량法擧揚하고 있는 내용이다. 전강 선사는 그 당시 경허, 만공 후 가장 눈 밝은 선지식이라고 평가받고 있을 때였다. 그리고 삼십대에 통도사 조실로 추대되어 머문 일도 있다.

전강 선사는 편지 내용에 어생일각 '魚生一角', 고기에 뿔이 난 도리를 묻고 있었다. 전강스님은 어생일각 '魚生一角' 혹은

판치생모 '板齒生毛'의 화두를 즐겨 사용했다.

'고기에 뿔난 도리' 그리고 '앞 이빨에 털이 난 도리'를 정진하는 수행인을 만나면 물어서 당황케 한 일이 한두 번이 아니었다.

경봉 스님은 전강 스님의 편지를 받고 다음과 같이 답을 하고 있다.

> 스님은 이 도리를 몇 군데 물었나.
>
> 일구一句 도리를 해결하지 못했구나.
>
> 고인故人들이 씹던 찌개미를 탐하지 말라.
>
> 보검寶劍으로 송장을 베지 않노라.

회답을 하고 나서 이제는 이런 물음에 답하지 않겠다고 선언하였다.

눈 밝은 선지식들이 묻고 답한 내용에 무어라고 해설을 달 수는 없지만, 정확한 답변이 되었는지 그렇지 않으면 경봉 스님의 보검을 피해 갔는지 범부로서는 알 수가 없다.

한 분은 다비茶毘를 할 때 먹구름을 모이게 하여 천둥을 치고 비바람을 일게 하였고, 전강 스님은 입적하고 나서 화장을 한 후 사리舍利를 수습할 때 뼈 마디마디 오색사리가 수없이 쏟아졌다고 한다.

나고 죽음에 갇히지 않는 수행인들은 임종이 다가와도 서두르지 않고 초탈의 힘을 자유자재하게 발휘한다.

　　멋과 풍류를 즐기는 사람처럼 앉아서 입적을 맞이하는 분도 있고 나뭇가지를 붙들고 서서 입적하는 분도 있었다. 그리고 걸어가면서 문득 열반에 든 선사들도 있었다.

우치재愚痴齊

특히 동산양개洞山良介, 807~869 화상和尙은 어느 날 제자가 모인 자리에 유언을 남긴 후 내일 떠나겠다고 선언하여 제자들이 애도의 눈물과 슬픔을 드러내자 심하게 꾸짖은 후, 제자들의 어리석음을 깨우치겠다고 '우치재'愚痴齊를 지낸 인물로 유명한 분이다.

그리고 '무한서'無寒署의 화두로 우리에게 너무 잘 알려진 선사이다.

어느 날 동산에게 한 스님이 물었다.

덥고 추운 날에 누구나 느낄 수 있는 부분을 물었다.

"추운 날이나 더운 날에는 어디로 가서 몸을 피할 수 있습니까?"

"추위나 더위가 없는 곳으로 가면 되지."

"거기가 어디 입니까?"

"추우면 얼어 죽고 더우면 타 죽는 곳이지."

실제 추운 곳에서 얼어 죽고 더운 곳에서 타 죽으란 뜻이 아니라, 추우면 추위 자체가 되고 더우면 더위 자체가 되라는 의미이다.

그는 임제나 덕산처럼 거칠거나 야성적인 성격을 지니고 있지 않았다.

온유한 성품과 인자한 교수방법으로 사람들을 진리의 원천에 이르게 하였다. 그래서 동산은 할喝이나 방棒을 이용하지 않았다. 그리고 공안公案을 이용하여 사람들의 마음을 참구시키지도 않았다. 주로 문답을 주고받았다. 대화는 평이했지만 담긴 내용은 심오했다.

그가 젊은 시절부터 날카로운 기봉機峰을 지니고 있었음은 다음과 같은 대화에서 잘 드러나고 있다.

깨침을 인가받기 위해 첫 번째 찾은 선지식인 마조馬祖 스님의 애제자 남전南泉 스님과 나눈 대화이다. 남전을 만난 날이 우연히도 마조 스님의 기일忌日의 전날이었다. 남전 스님이 대중을 모아놓고 다음과 같이 물었다.

"내일 우리는 마조 스님에게 재를 올리려는데 마조 스님이 오실는지 모르겠다. 그대들은 어떻게 생각하시오?"

모든 대중은 말이 없었다.

깊은 침묵이 흘렀다. 그때 동산이 자리에서 일어났다.

"동행할 도반이 있으면 오실 겁니다."

뜻밖에 법기法器를 만난 남전은 말을 이어 갔다.

"이 사람은 비록 젊지만 갈고 닦으면 훌륭한 인물이 되겠소."

남전의 말을 들은 동산은 불쾌하고 마음이 상했다. 그리고 남전의 면전에 다음과 같이 반박하였다.

"화상께서는 자유인을 노예로 만들지 마십시오."

여기서 우리는 동산의 자주적 정신과 체험적 개안을 볼 수 있다. 그는 갈고 닦을 필요가 없는 돈오적頓悟的 정신을 드러내고 있기 때문이다.

동산은 투철한 신념과 끈기를 갖춘 구도자였다. 남전과 헤어진 후 위산영우潙山靈祐 선사를 찾아가서 처음부터 의심하고 탐구하던, 무정물無情物이 설법할 수 있는지 여부와 만일 설법할 수 있다면 우리는 그 설법을 들을 수 있는지를 물었다.

몇 번의 질문과 답변이 오고 갔지만 동산의 깊은 의심은 풀리지 않았다. 동산은 위산의 얼굴을 바라보면서 침묵을 하고 있을 때 위산이 마지막으로 한마디 하였다.

"네 부모가 준 이 입은 결코 자네를 대신하여 설명하라는 것은 아니네."

동산은 이 말에도 내적 개안開眼을 열지 못했다. 다른 곳에 눈 밝은 선지식이 있으면 소개해 달라고 하였다.

위산은 안타까운 표정으로 운암담성雲巖曇晟, 771~853 선사를 찾아가도록 하였다.

동산은 운암 선사를 만나자 조그마한 여유도 갖지 않은 채 "무정이 설법할 때에는 누가 이를 들을 수 있습니까?"하고 물었다.

"무정물이 들을 수 있지."

"스님은 들을 수 있습니까?"

"내가 듣는다면 나는 성도成道하였을 것이므로 자네는 설법을 들을 수 없을 걸세."

동산의 회의는 풀리지 않았다.

눈앞이 오히려 캄캄하였다. 이때 운암 스님이 불자拂子를 들고 다음과 같이 물었다.

"자네는 들을 수 있는가?"

"들을 수 없습니다."

"자네는 나의 설법도 듣지 못하면서 어떻게 무정들의 설법을 듣기 바라는가?"

운암선사의 말은 계속되었다.

그리고 다음의 말에서 깨달을 수 있었다.

"아미타경에 물과 새와 나무가 모두 염불을 하고 설법을 한다는 말을 읽지도 않았는가?"

여기에 이르러 동산의 회의는 풀렸고 깨달음을 이룰 수 있었다. 동산의 체험적 개오開悟라 할 수 있다. 그리고 자신이 체득한 경지를 다음과 같은 게송으로 노래하였다.

신기하도다. 신기하도다.
불가사의한 무정 설법이여
귀로써 듣고자 하면 끝내 이해하지 못한다.
눈으로 들을 때만이 참으로 알 수 있느니라.

즐거워하는 동산을 쳐다보면서 운암雲岩은 입을 열었다.

"이제 행복한가?"

"행복하지 않다고 말하지 않겠으나 군이 표현하자면 저는 쓰레기 더미 속에서 밝은 진주 하나를 발견한 만큼이나 행복합니다."

동산이 밝은 진주를 발견했다는 것은 그동안 회의와 탐구 그리고 통찰을 통해 얻은 안목이라고 할 수 있다. 그러니까 그는 밝은 진주를 발견한데 불과하지 체증體證되지는 않았다는 것을 솔직히 고백한 것이다.

동산은 자리에서 일어나 운암과 작별을 하고자 큰절을 올렸다.

확철대오하지 못한 동산을 바라본 운암은 작별이 아쉬운 듯, "이번에 우리가 헤어지면 다시는 서로가 만나기 어려울 걸세." 운암의 석별의 정이 담긴 목소리에 동산은 한층 밝은 목소리로 대답했다.

"오히려 만나지 않기가 어려울 것입니다."

그리고 자리에서 일어나면서, "스님께서 입적하신 뒤에 사람들이 저에게 너는 네 스승의 진면목을 아직도 생각해 낼 수 있느냐? 라고 묻는다면 저는 무어라고 대답해야 좋겠습니까?"

동산이 가슴 속에 묻어 두었던 말을 끄집어내면서 한 질문이었다.

운암은 한참동안 침묵을 유지하다가 입을 열었다.

"바로 이것이네祗者是."

운암의 '바로 이것이네祇者是'란 말에 집중하여 말이 없자 운암은 다시 말을 이어 갔다. 동산이 무엇을 깊이 생각하고 찾고 있는지 헤아리는 것을 알고 있었다.

"이것을 생각해 나가는데 있어 참으로 조심성 있게 신중하여야 하네."

운암이 동산에게 마지막 부탁한 말이었다.

그는 다시 순례를 계속하면서 '바로 이것이라'는 화두에 집중하였다. 그리고 내 안에 무엇이 있어 숨을 쉬게 하고 무엇이 있어 보고 들을 줄 알고 나를 끌고 다니는가? 깊이 통찰하였다. 정진이 깊어지면 안으로 눈이 열리고 응시가 깊어지면 자기 근저에 이르게 된다.

그는 우연히 냇물을 건너다가 수면에 비친 자기 모습을 보고 활연대오하였다. "바로 이것이야!"하고 소리를 질렀다.

동산은 너무 기뻐서 자신의 깨달음의 경지를, 그러니까 내적 체험을 다음과 같이 노래하였다.

다른 데서 그를 구하지 말라.
아니면 그는 너를 떠날 것이다.
이제 내가 혼자서 가는 길에는
곳곳에서 그를 만날 것이다.
지금도 그는 나 자신이고
나는 지금도 바로 그가 아니다.

곳곳에서 그대를 만난다

오랫동안 계속된 동산의 내적 통찰은 절대적이라고 할 수 있는 한 물건을 깨닫고 체득하는데 도달하고 있음을 볼 수 있다. 그의 깨달음은 점수漸修의 지극한 과정을 거쳐 돈오적 일순을 맞이하고 있음을 발견할 수 있다. 그는 단박에 깨닫고 단박에 닦음을 마친 수행인이 아니라 꾸준한 연마와 단련을 거쳐 닦음이 깊어지고 그때마다 깨달음이 이루어진다는 것을 암시하고 있다.

사실 우리의 정신은 닦을수록 맑아지고 깊어지는 것이지 단박에 완성되는 것이 아니다.

동산은 바로 그 점을 우리에게 깨우쳐 주고 있다. 그러니까 정신의 완전한 완성은 우리가 추구할 이상이지 현실이 아님을 동산을 통해 확인할 수 있다.

완전한 완성을 추구하는 일은 참으로 고통스러운 이상이다.

돈오적 견성見性을 했다는 수행인 삶을 보면 완성된 정신이 행동 하나 하나에 구현되지 않고 있음을 수없이 보아 왔기 때문이다.

특히 오가칠종五家七宗 가운데 가장 인간적 안목을 가진 선지식이 누구인가 물으면 나는 서슴없이 동산양개 선사라고 대답할 것이다.

　동산의 깨달음의 극치는 다음의 게송에서 잘 나타나 있는데 인간의 깨달음으로 미칠 수 있는 경지를 보여 주고 있다. 실상實相은 불가사의하여 미망과 깨달음을 넘어서 있다.

　동산 선사가 깨닫는 과정을 살펴보면 돈오적 신비한 부분은 없고 철저히 사색思索하는 데서 출발하고 있음을 발견할 수 있다.

　그는 누구보다 경험적 통찰을 중요시 한 인간적 수행인이다.

　인간의 능력으로 도달할 수 있고 이룰 수 있는 것을 그는 체험함으로 인간의 근저에 이르고 있는 점을 강조하고 있다.

　그리고 그가 얼마나 겸손하고 치밀성을 가진 수행인인가는 제자인 조산曹山, 840~901에게 전해 주는 게송에서 잘 드러나고 있다.

　선행善行을 안 보이게 하고
　행동을 은밀히 하라.
　어리석고 둔한 사람처럼 보이도록.

　수행인 생활을 하면서 실천해야 할 교훈 같은 내용이다.
　나누고 베푸는 일을 하더라도 그 모습을 드러내지 말고 남의 눈에 발견되지 않도록 하라고 주문하고 있다. 마치 예수가 말한 것처럼 오른쪽 손이 하는 일을 왼손이 모르도록 하라는 의미와 상통한다.

그리고 잘난 체하지 말고 어리석고 둔한 사람처럼 보이도록 하라고 주문하고 있다.

우리들이 살면서 흔히 경험할 수 있는 일을 동산은 예견하고 어리석고 둔한 사람처럼 처신하라고 강조하고 있다. 많은 대중들 속에서 뛰어난 모습을 보이고 자신을 과시하다 보면 미움을 사게 되고 질투를 받게 되는 경우가 있다. 그리고 미움과 질투의 대상이 되면 상처를 받게 되어 더 이상 향상向上치 못하고 주저 않는 경우가 종종 있기 때문이다. 마치 콩나물이 빨리 자라면 먼저 뽑히는 도리와 같다 할 수 있다. 동산은 그것을 미리 예방토록 한 것이다. 그리고 되도록 자신을 낮추고 낮추어 겸손하면서도 어리석고 둔한 사람처럼 행동하여야 사람들의 마음을 살 수 있음을 강조하고 있다. 동산의 뜨거운 애정과 인간적 풍미를 느끼게 하는 대목이다.

그는 우리에게 정신적 집중을 통해 얻을 수 있는 것과 사람을 사랑하는 방법과 살아가는데 필요한 처신의 철학을 자신의 체험을 통해 밝히고 있다.

동산은 자신이 세상에 머물 시간이 오래 남지 않았다는 것을 체감하고 있었다. 텅 빈 이치를 깨닫고 있었기 때문에 아쉬운 것이나 애착이나 미련이 남아 있지 않았다. 아무것도 소유하지 않았기 때문에 인연에도 얽매이지 않았다.

그는 입적入寂할 때가 되었음을 알고 머리를 깎고 목욕을 마친 뒤 장삼을 입고 종을 치게 한 후, "나는 오늘 떠날 것이다."고 선언하였다.

대중들은 충격을 받고 눈물을 흘리고 통곡하는 사람도 있었다. 군데군데서 훌쩍이는 소리가 들렸다. 그 소리가 점점 커지고 있었다.

동산은 자리에 앉아 숨이 끊어질 때까지 기다렸다.

한참 동안 시간이 흘렀을 때 숨소리가 들리지 않았다. 입적했음이 분명했다. 동산이 임종했음을 확인한 순간, 대중들은 부모를 잃은 것처럼 통곡하기 시작하였다. 방안이 울음소리로 가득하였다.

그때 문득 동산은 눈을 뜨고 통곡하는 대중들에게 들릴 듯 말 듯한 낮은 목소리로 다음과 같이 말을 했다.

"출가한 사람들은 무상無常한 것에 익숙하고 무관심해야 된다. 그리고 바로 여기에 진정한 정신적 수행의 삶이 있다. 사는 것은 일하는 것이고 죽는 것은 쉬는 것이다. 그러니 슬퍼하고 통곡하지 말라."

그는 모든 삶이 덧없고 시시각각 변화하면서 생멸을 이루고 그 생멸이 없어지면 적멸寂滅이 즐거움이 된다는 것을 깨우쳐 주고 있다.

동산은 미망에 갇힌 대중을 위해 입적을 며칠 미루지 않을 수 없었다.

그리고 대중에게 우치재愚痴齋를 올리도록 부분하였다.

대중들은 존경하는 스승께서 재齋를 받은 후에 입적하려 하신다는 것을 알아차리고 특별히 서둘지를 않았다. 스승의 입적을 하루라도 미루어 보겠다는 배려였다.

그래서 재를 장만하는데 7일이란 시간을 보냈다.

동산은 건강을 회복한 사람처럼 대중들과 함께 공양을 하고 이야기를 나누었다. 그러나 안광眼光은 서쪽으로 기울고 있었다. 다만 그가 체득한 초월적 힘이 입적을 며칠 동안 미루게 하였다.

재齋를 마친 다음날 동산은 대중에게 다음과 같이 말을 하였다.

"나 때문에 법석을 떨지 말라. 승려의 식구답게 침착하라. 대개 누구건 임종할 때는 소란을 피우는 일이 아니다."

말을 마치자 방장실로 들어가서 좌선할 때 같이 가부좌를 틀고 앉아 입적하였다.

동산洞山의 입적을 통해 우리가 주목해야 할 부분이 있다.

임종을 자유자재하게 조정하고 있는 부분도 눈여겨볼 일이고, 생사의 틀에 갇혀 있는 대중을 깨우치기 위해 우치재愚痴齋를 지내게 한 일은 그가 인간적 깊이를 지닌 선사란 것을 우리에게 깨우쳐 주고 있다.

사는 것은 일하는 것이고 죽는 것은 쉬는 일이라고 한 말에 동산의 해탈의 의미가 담겨 있음을 알아야 한다.

천재 화가로 유명한 작품을 남긴 장욱진 화백이 남긴 말 가운데 다음과 같은 말이 있다.

"산다는 것은 소모하는 것이다. 나는 내 몸과 마음이 죽을 때까지 그림을 그리다 써 버릴 것이다. 그리고 남는 시간은 술을 마시고…."

자유인을 노예로 만들지 말라

동산의 어록을 보면 그는 입적을 했다가 다시 살아난 선사 禪師이고 부활復活을 통해 입적을 미룬 선사이다.

앉아서 입적했다가 대중들의 통곡소리를 듣고 다시 눈을 뜬 선사이다.

선사들이 초탈로 이룬 좌탈입망坐脫立亡이나 도화倒化는 해탈의 능력 없이는 불가능한 일이다.

은봉隱峰 선사처럼 물구나무서서 입적하는 일은 신통에 가깝고, 관계지한灌溪志閑 선사처럼 걷다가 입적하는 것은 삶과 죽음을 자유자재하게 연출할 수 있는 힘이 없이는 흉내도 낼 수 없는 일이다.

그러나 동산洞山은 새로운 기행奇行을 통해 자신의 입적을 보이지 않았다. 인간이 지닌 능력을 바탕으로 삶과 죽음의 완성을 보이면서 스스로 나고 죽음에 자유스러웠다. 그것도 죽음을 통해 다시 살 수 있음을 입증하고 있다.

임종이란 절명의 순간을 통해 이렇게 넉넉한 여유와 인간의 진면목을 드러낸 분은 동산이 처음인 것 같다. 그는 사는 것은 일하는 것이고 죽는 것은 쉬는 것이라고 했듯이 인간은 누구나 크게 한 번 쉬어야 한다.

몸과 마음에 지니고 있던 온갖 짐을 내려놓고 영원한 평화를 누리면서 쉬어야 한다. 바로 그것이 공적空寂이고 적멸의 즐거움이다.

동산洞山은 쉴 때가 되었음을 아는 선사였다.

깨달음의 맛

번뇌가 여물어서 사랑이 되네

초여름으로 접어들면서 연두빛 신록이 검푸른 빛으로 변해가고 있다. 마치 막 다리미질해 놓은 푸른 비단 자락을 깔아 놓은 것같이 보석처럼 반짝이며 바람이 불 때는 푸른 물감이 방울방울 떨어지는 것 같다.

봄이 물러가고 그 자리에 여름이 찾아든 것이다.

곳곳에 봄의 잔영이 남아 있지만 푸르름으로 인해 그 자취는 사라지고 있다.

자연은 이처럼 사계절을 통해 항상 새롭게 태어나고 변하는 모습을 보여주고 있다.

푸른빛이 날이 갈수록 층층이 겹을 쌓으면서 사방을 에워싸고 있다. 나는 어쩔 수 없이 푸른 감옥에 갇히지 않을 수 없다.

여름만이 느낄 수 있는 청복淸福이다.

생명이 넘치고 숨 쉬는 계절, 오랜만에 늙은 육신도 파릇파릇 생명의 기운을 받아 다시 태어나는 것 같다. 사방에서 푸른 물결이 춤추는 것 같고 바람이 불 때는 푸른 물결이 밀려오고 그치면 가까이 물소리가 찾아든다.

이럴 때 창문을 열지 않을 수 없다.

창문을 열자 바람이 꽃향기를 싣고 와서 코끝을 지나가고 이어서 밤꽃 향기와 칡꽃 향기가 몰려든다. 새들은 나뭇가지에 앉아 다양한 음색으로 노래를 하고 앞산에서 꿩이 푸드덕 날고 있다.

방 안은 너무 고요해 벌들이 날아들기도 하고 이따금 나비도 찾아들어 무릎에 앉아 있기도 한다. 그뿐 아니다. 처마 끝을 날던 새들이 방 안으로 들어왔다가 창문에 머리를 몇 번 박히고 나서 열려 있는 공간을 찾아 날아간다.

날마다 내가 만나는 권속들이다.

한참동안 이 권속들과 같이하다 보면 시간가는 줄 모르고 몰입해 있다.

그리고 점차 가슴이 텅 비어 있음을 깨닫게 된다.

그때 뒷산에서 소쩍새 우는 소리가 아련하게 들린다. 그 소리의 여운이 길게 남아 내 가슴속에 파고든다. 무슨 한이 저리 많아 피를 토하듯 울고 우는 걸까. 이른 새벽부터 울다가 어둠이 짙어지면 쉬었다가 다음날 운다.

가슴속 한을 쏟아내듯 우는 새가 두견이다.

부처보다 사람 되기가 어렵네

두견이 우는 날은 나는 누군가 올 것 같아 가슴을 비우고 기다린다.

비록 기다리는 사람이 오지 않아도 지루하지 않다. 푸르름을 그리워할 수 있어 가슴이 비어 가도 외롭지 않다.

그러나 마냥 자리에 앉아 두견새 소리나 듣고 푸르름만 바라볼 수 없다. 어디론가 훌쩍 떠나고 싶은 충동이 가슴속에 일어나 나를 이끌고 달아나고 있음을 깨닫게 된다.

계절이 바뀔 때마다 마음속에서 이러한 충동은 나를 움직이게 하였다.

봄이 올 때면 그렇고, 가을에 만산홍엽滿山紅葉이 뚝뚝 떨어질 때면 나는 어쩔 수 없이 길을 나서고 만다.

가더라도 그리움이 시작되는 곳을 찾아가 보고 싶고 새로운 깨달음을 만날 수 있는 곳을 가 보고 싶다.

다행히도 가 보고 싶은 곳이 머릿속을 번개처럼 지나갔다.

지난여름 도반 한 분이 말해 준 D시市에 있는 운주사를 가보란 말이 떠올랐다. 운주사는 D시에서 한 시간 남짓 걸리는 곳에 자리 잡고 있었다.

달마산達磨山 중턱에 이르자 산길이 나왔고 겨우 차 두 대가 지날 정도로 도로 폭이 좁았다. 길 밑으로 깊은 계곡이 있고 시원한 물이 흐르고 있었다. 한참동안 올라가자 운주사란 팻말이 보였고 여름 햇살이 나무 사이에서 보석 빛깔처럼 쏟아지고 있었다.

조그마한 주차장에서 내려 절까지는 100미터 거리쯤 되었다. 절은 크지 않았다. 법당도 크지 않았고 요사채 네 채가 그림처럼 앉아 있었다. 법당이나 요사채가 거만하지도 않고 다듬고 다듬어서 만들어낸 아름다움처럼 제자리에 앉아 있는 기분이었다.

도량 가운데로 발길을 옮기자 시원한 바람이 슬쩍 반갑다고 옷깃을 스치며 지나가고, 풍경이 낯선 손님이 왔다고 덩그렁거리며 울렸다.

나는 벽암당碧巖堂이란 현판을 보고 저곳이 주지스님이 머무는 곳이란 것을 깨달았다.

세 번 인기척을 했지만 아무 반응이 없었다. 너무 조용해서 목소리를 높일 수가 없었다. 마치 적멸寂滅을 안고 졸고 있는 집 같았다.

"스님 계세요?"

다시 한 번 인기척을 했을 때 조그마한 요사채 문이 열렸다.

문밖으로 나온 분은 스님이 아니었다. 갓 사십이 될까 말까하는 여인이 내 곁으로 왔다.

"스님은 좌선 중입니다."

손가락으로 가르친 곳을 바라보니 백년이 넘을 듯한 느티나무 아래에서 스님은 정진을 하고 있었다.

지긋이 눈을 감고 한 손에 염주를 들고 앉아 있는 모습이 너무 근엄하면서도 자연스럽고 그리고 너무 아름다워 혼을 빼앗긴 사람처럼 바라보았다. 수행자가 잡념을 떨쳐버리고 순수한 집중을 이루고 있는 모습은 진경산수眞景山水를 보는 것처럼 너무 아름다웠다.

여인이 안내하는 곳으로 발자국을 옮기자 심검당尋劍堂이란 현판이 보였고 옆에 있는 요사채 당호堂號는 참회당懺悔堂이었다. 심검당은 선방임이 분명하였고 참회당이란 현판이 낯설어 보였다. 객실客室에서 한참동안 쉬고 있을 때 젊은 보살이 차茶를 들고 방 안으로 들어섰다. 몸짓 하나 행동하는 것이 절에서 배운 법도가 몸에 배어 있었다. 여인으로 호칭하지 않고 보살이라고 불러야 되겠다고 생각을 했을 때 젊은 보살이 입을 열었다.

"이곳이 처음이시지요?"

"네."

"주지스님은 공양이 끝나고 뵙도록 하시지요."

"그렇게 하도록 하겠습니다."

젊은 보살은 자세 하나 흐트러진 부분이 없었고 빈틈이라고는 찾아볼 수 없었다. 그리고 너무 아름다운 용모를 지니고 있었다.

눈빛은 맑고 영롱하였으며 청초함과 순수함이 그녀가 지닌 미덕美德같이 보였다.

저녁공양 시간까지는 한참을 기다려야 했다.

갑자기 젊은 보살과 대화를 하고 싶은 충동이 일었다.

"여기 오신 지 오래 되었습니까?"

질문을 해 놓고 보니 비약이 심한 것 같았다. 그리고 너무 건조한 질문 같아 미안한 마음이 일었다.

"이곳에서 살고 있습니다."

의아한 표정을 짓자 그녀는 미소로 화답했다. 그리고 말을 이었다.

"이곳 주지스님과는 인연이 너무 깊어요. 처음 이곳은 절이 없었어요. 현재 주지스님이 허물어져 가는 초가집에 머물고 있을 때 남편이 등산을 하다가 스님을 처음 만났습니다."

"스님은 이곳에서 밭에 씨를 뿌리고 채소를 가꾸면서 자급자족을 했고 더 이상 구하는 것이 없었습니다. 시주施主를 구하지도 않았고 신도들하고 인연도 맺지 않았어요. 있는 그대로 끼니를 때우고 정진만 계속했어요."

"시주의 힘도 빌리지 않고 어떻게 훌륭한 불사佛事를 할 수 있었습니까?"

"남편이 등산을 하면서 스님을 만나 서로 마음이 통했던 모양이에요. 처음 만나던 날 밤샘을 하면서 이야기를 나누고 난 후, 남편은 매주 이곳을 찾았습니다. 남편은 무역을 중심으로 한 사업을 했는데 엄청나게 사업이 잘 되었어요. 그러나 스님을 만나고부터는 욕심을 부리지 않았어요.

그리고 스님의 인격과 수행력을 존경한 남편은 절을 지어야겠다고 다짐한 후 상의를 했지만 스님이 거절하여 실천에 옮기지 못했어요. 스님을 설득하는데 몇 달이 걸렸어요. 그리고 스님이 주문한 대로 절은 크게 짓지 않고 조그마한 암자庵子 수준을 벗어나지 못하게 하였고 등산객들이 자주 찾는 곳이니 그분들이 쉬어 갈 수 있도록 요사채 몇 동을 짓자는데 합의를 했어요.

심검당은 등산객들이 앉아서 화두를 참구하는 곳으로 사용하고 참회당은 스스로 지은 업業을 뉘우치고 다시 범하지 않겠다는 서원을 세우는 곳으로 하자고 해서 짓게 된 것이지요."

마음을 찾는 일보다
마음을 쓰는 일이 어렵다

"그런데……"

젊은 보살은 말을 이어 가지 못하고 갑자기 목이 메었다.

"혹시 남편이…."

"네 불사를 마친 3년이 지난 어느 날 심장마비로 세상을 떠났어요. 마른하늘에 벼락이 쳐서 이 세상에서 착한 사람 한 분을 잃게 한 것이지요."

그녀는 눈가에 눈물이 맺혔으나 울먹이지는 않았다. 마치 통곡이 부질없는 일이란 것을 깨달은 사람처럼 울지 않고 말을 이어갔다. 젊은 보살 입을 통해 운주암雲住庵이 어떻게 창건되었는지 알 수 있었고 그녀의 남편이 큰 시주施主자였음을 알 수 있었다. 그리고 주지스님의 출가 내력도 그녀의 입을 통해 밝혀졌다.

가정환경이 넉넉지 못한 집안에서 태어나 초등학교를 마치고 중학교 때부터 신문 배달을 비롯 중국 식당의 잔심부름에 이르기까지 온갖 고생을 했고 여관 종업원으로 있으면서 돈을 훔친 용의자로 몰려 실신될 만큼 맞은 일까지 그녀는 말해 주었다. 범인은 카운터를 보는 여자 종업원의 소행으로 밝혀졌으나 여관 종업원 생활을 마감하였고 그 후 고등학교를 졸업할 무렵 부친이 세상을 떠나자, 49재를 지내준 주지스님을 찾아 출가한 후 강원講院에서 일대시교一代時敎를 배우고 다시 전국 선방을 찾아 십년 동안 안거를 하였다고 했다. 선방 안거를 마친 뒤에 이곳으로 와서 젊은 보살의 남편을 만나 현재의 운주암을 창건한 것이다.

그녀는 돈을 시주했지만 저희들은 정신적으로 많은 것을 얻을 수 있었고 인간의 가치를 만드는 법을 배울 수 있었다고 담담히 밝혔다.

남편이 절을 세울 거금을 시주코자 했을 때 그것을 받아들이지 않으려고 했고 신도들이 늘어나 시주자가 나타났을 때도 거절하여 어리둥절케 했다고 전했다. 특히 요사채 불사를 할 때 그 공간을 넓혀 많은 사람들을 수용케 하자고 남편이 제의하면, 스님은 그때마다 절이 화려하고 규모가 커지는 것은 욕망 때문이라고 반대를 했고 비록 규모가 작더라도 담기는 내용이 알차면 훌륭한 법기法器가 된다는 것을 가르쳐 주었다고 했다.

그리고 남편과 같이 등산을 하는 사람들이 심검당에서 참선을 하고 참회당에서 뉘우치고 난 후 감동을 해서 시주를 하면, 그 돈을 직접 챙기지 않고 남편과 공동명의로 저축을 했다가 한 달에 한 번씩 불우한 이웃을 찾아 봉사하고 베풀었다고 했다. 그래서 스님 수중에는 돈이 별로 없다고 묻지 않은 내용까지 설명을 했다.

젊은 보살의 설명을 듣고 땅거미가 길게 늘어질 때가 돼서 저녁공양을 하게 되었고 주지인 운여雲如 스님과 마주하게 되었다. 나이보다 훨씬 젊어보였고 얼굴에는 번뇌의 그늘도 보이지 않았고 세속적 욕망의 군살도 없었다. 오랜 세월동안 고통을 가슴속에서 삭혀서 맑고 밝은 빛이 얼굴에서 발산되고 있었다.

그는 며칠 쉬어가라고 권했다. 누구 한 사람 간섭하는 사람이 없으니 무거운 짐을 내려놓고 편히 쉬어 가라고 권했다.

그가 지닌 몸짓에서 권위 같은 것은 발견할 수 없었고 안과 밖이 다른 위선도 보이지 않았다.

그는 자신은 사람을 사랑하는 법을 배운다고 했고 마음 쓰는 법을 터득하기 위해 정진한다고 했다. 또 화두를 들지 않을 때는 꽃이 피고 지는 섭리를 깨닫기 위해 오랫동안 사물을 관찰하고 어떨 때는 새소리를 하루 종일 듣는다고 했다.

새소리를 듣기 위해 집중하다 보면 경청을 배우는 일이 얼마나 어려운 일인가를 깨닫게 되었다고 했다. 그리고 오랫동안 집중해야 사물에 접근할 수 있고 더 깊어져야 근저根底에 가까이 이를 수 있다고 덤덤히 말하였다. 그 가운데도 제일 어려운 것은 사람을 사랑하는 일이라고 했다.

미운 사람은 자리도 하기 싫고 악한 사람은 가까이 하지 않는 것이 사람들이다.

열반경에서는 두 가지 사랑을 말하고 있다. 하나는 착한 것을 사랑하는 것이고 또 하나는 착하지 않은 것을 사랑하는 일이라고 했다.

좋아하는 사람만을 사랑하는 일은 누구나가 할 수 있다. 그리고 자기 자식을 사랑하는 일은 모든 부모는 다할 수 있다. 아니 짐승도 제 새끼를 사랑한다.

그렇다. 사람을 사랑하는 일은 참으로 어려운 일이다. 좋고 나쁜 사람을 가리지 않고 포용하고 사랑하는 일은 성인도 하기 어려운 일이다.

귀천貴賤을 가리지 않고 높고 낮음을 차별하지 않고 자비심으로 대하는 일은 범인으로서 하기 어려운 일이다.

나는 그가 지난날 많은 사람을 만났고 만남을 통해 헤아릴 수 없는 일을 경험했음을 짐작할 수 있었다. 때로는 배신을 당하기도 하고 때로는 사람으로 인해 깊은 상처를 받았음이 분명하였다.

종교의 본질은 사랑과 자비이다. 종교가 인간을 구제하는 바탕 역시 사랑과 자비이다. 사랑과 자비는 인간의 지극한 마음인 동시에 이해와 포용이다.

운여雲如 스님은 사람을 사랑하는 일이 참으로 어려운 일이라고 말했다. 그리고 자신은 마음 쓰는 법도 배우려고 노력한다고 했다.

한결같은 마음으로 사람을 대하는 일이 얼마나 어려운 일인가를 날마다 깨닫는다고 했다.

자비심으로 대하면 상대는 마음을 열지만 경계를 하면 상대도 거리를 두고 마음을 열지 않는다고 했다.

마음을 쓰기 따라서 상대의 반응은 달라지고 좋고 나쁜 모습이 얼굴을 통해 나타난다. 그뿐만 아니다. 식물도 예쁘다는 칭찬을 하면 더욱 아름다운 모습으로 변하고 볼품없다는 반응을 하면 시들어 버리는 것을 체험했다고 했다.

운여 스님과 대화는 삼경三更 지나 중단되었다.

그가 취침시간이 되어 방으로 돌아갔기 때문에 대화를 이어 가지 못했다.

새벽이 되어 가부좌를 틀고 앉아 있으니 새들이 벌써 찾아와 노래를 하고 있었다. 창문을 열자 물소리도 들리고 밤꽃 향기가 코끝을 자극하고 지나갔다.

여명이 걷히자 싱그러운 햇살이 나뭇잎에 앉아 보석처럼 반짝이고 있었다.

도량은 꽃밭이었다. 잘 가꾼 꽃들이 아침 햇살을 받아 한층 아름답게 보였다. 도량을 걷다가 발길을 멈추었다.

그리고 감전된 사람처럼 그 자리에 서서 어린 소녀가 보리수나무 밑에서 합장을 하고 기도하는 모습을 오랫동안 바라보았다.

그 모습이 너무 간절하고 지극하여 인기척도 낼 수 없었다. 기도가 끝날 때까지 기다릴 수밖에 없었다.

　소녀는 자리에 일어나 내 앞으로 걸어와 합장을 했다.
　"기도하는 모습이 너무 아름다워 보였어요."
　어린 소녀는 당황하지도 않고 입을 열었다. 오히려 내 쪽이 긴장을 하는 것 같았다.
　"저 보리수나무 밑에 아버지를 묻었어요."
　보리수나무는 수령이 백년이 넘는 것 같았다. 나무 밑에는 봉분처럼 흙이 돋아 있었고 돌로 새긴 팻말이 하나 서 있었다. 어린 소녀의 아버지 이름이 분명하였다

　"기도를 하고 있으면 아버지 모습이 보여요. 그리고 목소리도 들리고요."
　일곱 살 어린 소녀의 말이라고 믿기지 않았다. 어른 이상의 정신적 성숙함을 지니고 있었다.
　기도를 통해서 아버지를 만나고 목소리를 듣는다는 말에 경악하지 않을 수 없었다.
　이심전심以心傳心의 진리를 소녀는 깨닫고 있었다. 지극하고 간절하면 마음을 통해서 무엇이든지 만날 수 있음을 소녀는 깨우쳐 주었다.
　젊은 보살은 남편이 죽고 난 후 무덤을 만들거나 공원묘지

에 안장하지 않고 보리수나무 밑에 뼛가루를 뿌린 것이 분명하였다.

남편의 유언에 따라 수목장을 하였음은 뒤에 알았다.

소녀의 이름은 영서였다. 나이보다 정신적으로 성숙해 있었고 외로워 보이지도 않았다.

너무 아름답고 귀여워서 소녀의 눈빛을 오랫동안 바라보았다.

맑고 투명한 동공 속에 작은 하늘이 담겨 있는 것 같았고 그 눈빛을 통해 내가 구원받는 기분이었다.

지난밤 운여 스님이 한 말이 갑자기 떠올랐다.

자신은 신도들에게 불교를 가르치지 않고 다만 부처님 말씀을 들려준다고 했다. 그리고 배우고 익히지 말고 스스로 보고 들어서 체험하여 깨달아라. 그래야만 자각의 길이 깊어지고 내면에서 깨달음이 열린다고 하였다.

또 하나 인상적인 것은 심검당尋劍堂에서 자기를 탐구하고 참회당에서 지난날 허물을 찾아서 꾸짖고 뉘우쳐서 다시는 이런 어리석음을 되풀이하지 않겠다고 서원하도록 한다는 것이다.

심검당에서 사유와 응시의 시간을 갖고 참회당에서 성찰하고 뉘우치며 자기를 새롭게 형성하고 다짐을 하는 것이다.

심검당은 자기를 깨닫게 하는 집이고 참회당은 뉘우치고 부끄러워하는 성찰을 통해 다시 태어나는 집이었다.

운여 스님과의 대화는 더 이상 계속되지 못했다.

스스로 정해 놓은 일과를 소홀히 할 수 없다는 말에 그가 얼마나 자기 관리를 철저히 하며 수행하고 있는지를 알 수 있었다.

그리고 그는 대화 중 한 번도 견성見性이나 깨달음에 대해 말하지 않았다. 그것이 매우 인상적이었다. 상투적으로 중국 선종사를 들추면서 수많은 선사禪師들의 기연機緣이나 깨달음에 관해서도 거론하지 않았다.

다만 사람을 사랑하는 방법에 대해 많은 고민을 하고 있음을 밝혔고 마음 쓰는 법이 참으로 어렵다고 고백하였다.

그는 누구보다 자연을 사랑하는 법을 터득하고 있었고 자연과 함께 즐기는 경지에 도달해 있었다. 소유하지 않아도 자족하는 길을 알고 있었고 삶을 풍성하게 누리는 지혜를 갖추고 있었다.

오랜만에 좋은 도반을 만난 것 같고 눈이 열린 사람을 만나는 것 같았다.

좋은 만남에는 마음속에 훈훈한 덕이 남고 향기로운 여운이 감돈다.

그는 찾아오는 사람들에게 따뜻한 시선을 느끼게 하고 아주 편안하게 쉴 수 있는 고요를 선물하는 재능을 갖고 있는 것 같았다. 특히 그가 지닌 천진하고 소탈하며 겸허한 인품이 눈매에 잘 드러나 있고 헛된 욕망의 군살을 붙지 않게 하기 위해 자제하고 인내하는 모습이 몸에 배어 있었다.

그가 항상 온유하고 인자하고 후덕한 모습으로 보일 수 있었던 것은 오랫동안 사람을 사랑하는 방법을 고민해 왔기 때문이며, 조그마한 분노도 일으키지 않았기 때문이다. 참으로 오랜만에 안과 밖이 다르지 않고 위선도 찾아볼 수 없는 수행인을 만난 것과 같아 마음이 편하고 향기로운 여운이 머물러 있다.

비워야 눈이 열리고
밝은 귀가 트인다

누구나 불혹의 나이가 지나고 지천명知天命의 시기에 접어들면 스스로 변화하고 자각하는 용기를 일으켜야 한다.

오랫동안 안주했던 삶의 틀에서 벗어나려면 집착했던 것을 스스로 놓아버리고 인생에 있어 무엇이 삶의 본질이고 행복인지 반문해 보아야 한다. 그리고 자신이 살아온 삶의 궤적을 살펴보면 무엇이 부질없는 일인지 깨닫게 될 것이다.

마음속에는 자기를 들여다 볼 수 있는 거울이 있다. 그 거울을 통해 자신을 반조해 보아야 한다. 자신이 얼마나 깊은 집착의 늪에 빠져 있는지 성찰해야 한다.

집착에서 벗어나는 것은 첫째, 버리고 내려놓는 데에서 출발해야 한다. 모든 고통은 집착에서 이루어진다.

중국 선종사에 등장하는 선사禪師들은 한결같이 얽매임에서 벗어나려고 노력하였고 뼈를 깎는 수행 끝에 초탈을 남겼다.

그리고 그들은 일의일발一衣一鉢로도 부족한 것 없이 삶을 자유스럽게 누릴 수 있었고 부질없는 명예에 집착도 하지 않았다. 오직 가슴속에는 내 몸도 내 것이 아니고 버리고 갈 거름뭉치임을 생각하였고 빈손으로 왔다가 빈손으로 가는 것이 수행자의 살림살이라는 신념을 갖고 있었다.

따지고 보면 우리가 머물고 있는 세상은 덧없는 불꽃에 타고 있으며 번뇌란 도둑이 항상 죽이려고 그 틈을 엿보고 있다.

인간의 생명은 한없이 신비하고 존엄스럽지만 영혼이 떠난 육신은 옛 조사들이 말한 것처럼 물거품 뭉치, 꿈 덩어리, 고생 주머니, 거름 무더기에 불과하다.

육신의 무상함을 깨닫고 얽매임에서 벗어나려고 텅 비우고 비워서 본래 모습을 드러내려고 노력하는 것이다.

중국 도신道信, 580~651 선사는 정신과 육체의 자유를 얻기 위해 출가한 분이다. 출가의 이유도 얽매임에서 벗어나고 싶다고 스승인 승찬 선사에게 말하였다.

이때 승찬僧璨, 529~613은 도신에게 "누가 자네를 결박해 놓았는가?"하고 반문하였다.

도신은 득도를 하고부터 해탈의 자유를 얻기 위해 눕는 일을 포기하였다. 한 번 가부좌를 틀고 앉으면 엉덩이에 고름이 생기고 살점이 빠져나갈 때까지 자리에서 일어나지 않았다.

장좌불와長坐不臥였다. 그는 장자불와 속에 자신을 던져버리고 다시 태어난 것이다.

생과 사를 훌훌 털어버리고 초연해지려면 반드시 삶의 본질을 깨달아야 한다. 육신을 헌 누더기 한 벌과 다름없다는 생각을 해야 법신의 삶을 새로이 시작할 수 있다.

중국 초기 선종禪宗은 자연을 중심으로 편력遍歷하면서 정진을 하였다. 가부좌를 틀고 계속 정진할 수 있는 선원禪院이 없었던 것이다. 그래서 깊은 산속 동굴이나 바위 밑에서 은거를 한 수행인도 있었고 먹고 잘 수 있는 토굴을 지어 정진한 수행인도 있었다.

그리고 대부분 밖에 나아가 걸식을 하여 생활을 꾸려 나갔다.

이때부터 일의일발一衣一鉢 정진은 투철해졌고 사유思惟는 깊어졌다. 그리고 편력을 통해서 다양한 삶을 체험할 수 있었고 중생의 고통을 몸에 담는 법기法器를 만들기도 하였다.

역사적으로 보면 3조 승찬僧讚 선사 시대도 특정한 사원을 갖지 못했다고 밝히고 있다. 특히 눈여겨볼 부분은 그 당시 선禪을 수행하는 사람들이 상당히 홀대 받고 있었음을 알 수 있다.

겨우 율원律院에 붙어살면서 대중들의 눈치를 보면서 지내야만 했다. 밥도 절에서 먹지 못할 때가 많아 대부분 탁발로 생활을 이어갔다. 이 당시만 해도 교종敎宗이 전성기를 맞이하고 있을 때였다.

그러나 명상과 사유思惟를 중심으로 한 직관적 자아 탐구는 중국 불교계에 새로운 변화를 가져오게 하였다.

무엇을 깨닫고 무엇을 찾으려 하는가

선사상禪思想과 수행 방법은 중국 고유의 사상과 결합함으로써 새로운 인식의 방법과 깨달음의 틀을 만들어냄으로 인해 초기보다 많은 지지 세력을 확보하고 선종禪宗의 기초를 닦는데 기여하였다.

특히 진리를 직관에 의해 파악하려는 주장이나, 진리는 문자 밖에 있으므로 자신의 본성인 마음을 꿰뚫지 않고는 안 된다는 논리에 귀를 기울이는 대중이 늘어나게 되었다.

직관에 의한 실참 실구의 수행방법을 존중하는 사람들이 심산유곡을 찾아 공동생활을 시작하면서 운수행각의 편력자의 삶이 집단적으로 생활하는 수행생활로 전환되었다.

이때가 바로 4조 도신道信, 580~651 선사 시대부터이다.

그리고 탁발로 생활을 꾸리던 방법을 지양하고 자급자족의 생활을 개척하였다. 그러나 도신 선사가 오조홍인弘忍, 601~674을 제자로 두기까지는 홀로 독거하는 수행자가 많았음이 도신과 우두법융牛頭法融, 594~657의 대화에서도 잘 드러나고 있다.

도신이 어느 날 고을을 지나다가 산이 수려하고 웅장함을 보고 이 산속에 반드시 눈 밝은 선지식이 머물고 있음을 직감하고 지나가는 노인에게 이 산속에 공부하는 사람이 있느냐고 물었다. 노인은 직접 보지는 못했으나 뭇 짐승들과 함께 생활하며 수행하는 사람이 있다는 소식을 들었다고 전했다.

산 깊숙이 들어갔을 때 넓은 바위가 보였고 그 위에 가부좌를 틀고 앉아 있는 사람이 보였다. 바로 그가 우두법융이었다.

도신이 그를 향해 무슨 공부를 하느냐고 묻자 법융은 마음을 관한다고 하였다. 도신은 조금도 망설이지 않고 '관시하인觀是何人 심시하물心是何物'인가 물었다.

"마음을 보려고 하는 사람은 누구이며, 보여 지는 마음은 누구의 마음인가?" 물은 것이다. 이 물음에 우두법융은 자신의 실상을 깨달았다. 그리고 초기 선종의 형성에 지대한 영향을 끼친 우두종牛頭宗이 탄생되었고 새로운 가풍이 형성되었다.

도신의 영향을 받았거나 우두법융의 가풍을 계승하여 수행한 사람들은 임종을 맞이하는 태도에 남다른 데가 있었다.

특히 도신의 문도 가운데 가장 눈 밝은 선지식이라고 추앙 받던 법지法持, 635~702 선사는 임종을 맞이하여 남다른 유훈을 보이고 있다. 시신을 태우는 데도 관심이 없었고 무덤을 만들거나 화장하여 뼛가루를 산이나 바다에 뿌리지도 않았고 사리舍利를 봉안하는 부도浮屠도 만들지 않았다.

오히려 이런 것들이 부질없고 사치스러운 일이라고 생각하였다.

"내가 죽거든 시체를 저 소나무 밑에 그대로 두어 새와 짐승들의 먹이가 되도록 하라."고 유언을 남긴 후 입적하였다.

그의 유언은 잔인하고 섬뜩하기도 하다. 오히려 몸에서 전율을 일으키게 한다. 이처럼 육신을 홀대하고 태연하게 마치 거추장스런 거름뭉치처럼 생각하고 있는 선사의 태도에 내 자신이 초라하고 왜소해 진다. 또 한편으로는 임종을 앞두고 넉넉한 자유와 초연함을 보이고 있는 선사의 임종 자세에 고개가 숙여진다.

누구나 죽음을 맞이하게 되면 두려움을 느끼게 되는데 선사는 육신을 헌신짝처럼 버리고 있다.

영가永嘉, 665~713 스님도 죽는 것은 "마음속에 있는 헌옷을 벗는 것이라." 했다. 법지法持 선사는 일생동안 입고 있던 육신의 헌 옷을 열반을 통해 벗어 버린 것이다.

따지고 보면 죽음이 비록 종말적 의미를 갖고 있다 할지라도 살아 온 과정을 통해서 보면 낡아서 너덜너덜해진 옷을 갈아입는 것과 다를 바 없다.

키케로는, "죽는 것은 네 자신이 아니라 너의 육체이며, 영원히 사는 것은 네 육체가 아니라 육체 속에 있는 정신이라."고 말한 일이 있다. 그는 임종이 우리에게 주는 것은 종말이 아니라 변화라고 하였다.

그러나 대부분 사람들은 죽음이 아주 서서히 다가오는 것도 느끼지 못하고 자신이 죽음을 향해 걸어가고 있음을 모르고 있다. 이 순간에도 삶은 쉬지 않고 죽음을 향해 접근하고 있다. 그래서 눈 밝은 선지식들은 우리가 일찍부터 삶을 배우듯이 죽음을 미리 준비해 두어야 한다고 주문하고 있다.

지천명知天命의 나이가 되면 하루 한 번씩 '내 몫의 삶을 이끌고 어디쯤 왔는가?' 자신에게 반문해 보아야 한다.

죽음에 대한 성찰省察은 삶의 지혜를 배우는 일이다.

몽테뉴는 "죽음을 몸에 익히는 것은 자유를 실습하는 일이고, 죽는 방법을 배운 사람은 노예가 되지 않는 방법을 배우는 사람이라."고 말하였다.

선사禪師들은 대부분 죽음을 몸에 익혀 임종에 이르러 여유 있는 자유를 보이고 있다.

몽테뉴는 죽는 법을 배운 것은 영원히 사는 법을 배우는 일이고 다가오는 삶에 대한 준비를 할 수 있다고 했다.

따지고 보면 죽음은 종말이 아니라 변화이다. 하루에도 만사만생萬死萬生의 삶은 계속되고 있다.

자연 속에서도 탄생과 소멸은 쉬지 않고 순환을 거듭하면서 변화하고 있다. 다만 우리는 해탈적 안목이 없기에 죽음을 삶의 종말로 보는 것이다.

죽음을 새로운 생의 시작으로 볼 수 있는 안목과 정신력을 갖고 있다면 법지法持 선사처럼 죽음 앞에 당당해 질 수 있다.

죽음을 준비하는 지혜

특히 생사에 초연하기 위해서는 조주 선사가 말한 것처럼 죽음 속에 삶이 있듯이 삶을 통해 죽음을 완성해야 한다.

러시아 대문호인 톨스토이는 죽음만큼 확실한 것은 없다고 말한 후 "사람들은 겨우살이를 준비하면서도 죽음을 준비하지 않는다."고 했다.

몇 년 전 평소 친하게 지내고 존경하던 스님이 입적하여 입관하는 모습을 지켜 본 일이 있다.

일주일 전만 해도 입원한 병실에서 눈을 맞추고 가슴속에 담아 두었던 이야기를 꺼내 대화하던 분이 싸늘한 주검으로 변해 내 눈앞에 있다는 사실이 실감이 나지 않았다. 오히려 캄캄한 어둠이 몰아닥친 것 같고 한 번도 느껴보지 못한 텅 빈 고요가 엄습하여 그 자리에 주저앉고 싶었다.

보고 듣고 깨닫는 기능이 정지해 버린 시신을 향해 살아 있는가? 죽어 있는가? 물을 용기도 나지 않고 죽음이 만든 어둠에 지배당하고 말았다

경전과 조사어록祖師語錄에서 반복하듯이 강조하고 있는, "본래 생사가 없다."는 말도 또 "생사가 둘이 아니다."는 말도 실감나지 않았다. 보고 듣고 말하고 움직이는 것을 중지해 버리고 호흡이 멎고 혼이 나아가 버린 육신 앞에 삶과 죽음이

하나라고 말할 수 없었다.

　사람들은 대부분 육신이 노쇠해지면 병이 찾아오고 오랫동안 앓다가 세상을 떠나가는 경우가 많다. 수행하는 스님네들도 병원 신세를 지고 있다가 숨을 거두고 부고를 열반했다고 알린다. 따지고 보면 일반인이 죽는 것과 수행인이 숨을 거두는 것이 별로 차이가 없다. 다만 죽음을 해석하는 교리가 다를 뿐이다.

　불교의 열반涅槃이나 입적入寂, 원적圓寂이란 뜻은 죽음을 해석하는 가치라고 볼 수 있다.

　마치 조선시대 학문이 모든 가치의 중심이 되어 그것이 과거를 통해 신분상승의 성취가 이루어지면 권력과 부귀로 이어지고, 수양修養을 통해 인격과 합일하면 군자로서 평가받는 것과 같다 할 수 있다.

　그래서 좌탈坐脫이나 입망立亡하는 것은 병원에서 앓다가 숨을 거두는 것과 그 경지가 다르다. 다만 죽음을 자유자재하게 연출할 수 있는 힘이 해탈의 전형을 만든다고 볼 수 있지만 눈 밝은 선지식도 때로는 오랫동안 병석에 누워 있다가 끝내 회복하지 못하고 입적하는 분들도 있다.

　입적하는 태도와 모습으로 죽음의 가치를 평가할 수는 없다.

특히 수행인들은 출가하고부터 그 개성에 따라 교리와 선禪을 익히고 얽매임에서 벗어나려고 일생동안 정진한 힘이 열반을 통해 해탈로 표현된다.

그리고 '생사가 둘이 아니다.' 라는 교리적 탁마와 함께 그것이 오랫동안 사유思惟와 집중으로 이어져 임종에 다다라 죽음을 자유롭게 만드는 것이다.

앙드레 말로가 말한 것처럼 죽는 방법을 생각하는 것은 죽기 위해서가 아니라 살기 위해서인지 모른다.

솔직히 말하면 불교에서 말한 생사가 둘이 아니란 말은 미리 죽음을 배워두란 뜻으로 해석할 수 있다. 오랫동안 몸과 마음으로 익히고 체현되면 생사 자재하는 모습으로 발전할 수 있다.

교리적으로 열반이란 의미는 번뇌의 불꽃을 끄는 것이라고 해석하듯 삶으로 인해 일어난 번뇌의 불꽃을 꺼버리면 적정寂靜은 이루어지고 적멸寂滅은 평화로 이어진다.

그러나 삶은 영원히 완성되지 않는다.

완성이란 과정이지 목표라고 할 수는 없다.

죽음은 삶의 변화일 뿐 종말은 아니다.

세네갈은 죽음을 형벌이 아니라 자연의 법칙으로 받아들이라고 말하고 있다. 그렇다. 우주는 탄생과 소멸로 구성되어 있다.

그리고 생명은 탄생과 소멸을 지니고 있어 항상 변화한다. 태어나면 바로 변화를 통해 소멸한다.

그래서 인간은 누구나 생로병사란 과정을 통해 죽음에 이르게 된다.

플라톤은 죽음을 육체의 해방이라 하였고, 버드나드쇼는 "영원히 살려고 들지 말라. 성공하지 못할 것"이라고 삶의 경험을 털어놓고 있다.

우리나라 수행인 가운데 화려한 장례식이나 시은의 신세를 져 가면서 큰 규모로 부도浮屠나 비碑를 세운 분들이 많다. 이러한 장례식이나 거대한 부도를 만든 사람들을 부끄럽게 만들고 경책을 한 선사禪師들이 있다.

조선조 벽송지엄碧松智嚴, 1464~1534 선사의 수제자인 일선一禪 스님은 화려한 장례식을 치르지 않도록 제자들에게 유언하기를, "내가 죽거든 산에 내다버려 짐승들이 뜯어먹게 하라."고 당부하였다. 조촐한 장례식조차 거부하여 제자들을 당황케 하였다.

또 일생동안 헌 누더기 한 벌을 입고 살면서 명리名利를 멀리하고 시류에 섞이는 것을 꺼려했던 고한희언孤閑熙彦, 1561~1647 선사는 오늘날 명리名利를 탐하는 구도자들에게 부끄러움이 무엇인가 생각하게 한다. 수행력은 없으면서 중 벼슬 닭

벼슬보다 못한 높은 직위를 지냈다는 경력만으로 화려한 장
례식을 치룬 수행자들에게 준엄한 경고를 주는 임종게臨終偈
를 남기고 있다.

　공연히 이 세상에 와서
　지옥의 찌꺼기만 남겨놓고 가네.
　내 뼈와 살을 저 숲속에 버려두어
　산짐승들의 먹이가 되도록 하라.

　자신이 살아온 과정을 이토록 준엄하게 꾸짖고 반성하는
임종게는 일찍이 없었다. 그것은 수행을 통해 얻은 통렬한 자
기 참회이기도 하고 체험적 개안開眼이기도 하다.
　자신에게 매질을 하듯 꾸짖고 통렬한 반성과 성찰이 있으
면 비뚤어진 삶은 바로 서게 되고, 살을 베어내는 뉘우침이
있으면 지난날 허물을 고칠 수 있고, 밝힐 수 없는 부끄러움이
있으면 가슴속에 묻어 두었던 진실이 밖으로 드러나게 된다.

　고한희언孤閑熙彦, 1561~1647 선사는 어린 나이로 운주사에
서 득도하였고, 18년 동안 운주사에 머물며 경전 연구에 몰두
했다고 그의 행장行狀은 전하고 있다.
　그 후 부휴선수浮休善修, 1543~1615 선사를 탐방하여 선禪을
익히고 견성체험見性體驗으로 눈이 밝아진 수행인이다.

말을 버리고 선禪의 진수를 깨달은 것이다. 이후부터 그는 언제나 남이 하기 싫어하는 궂은일을 스스로 맡아 하면서 일생 동안 아무것도 소유하지 않는 수행자로 그 당시는 수행자의 표본이 되는 인물이라고 칭찬하는 사람들이 많았다.

그리고 꾸미고 위의를 찾는데 관심이 없었고 항상 거지처럼 더벅머리에 초라한 모습으로 살기를 좋아했고 남에게 존경받는 것을 제일 싫어했다.

고한희언 선사는 스스로 자신을 낮추어서 귀천貴賤의 차별을 뛰어넘었고 일체 것을 지니지 않음으로써 텅 빈 충만 속의 자족을 누릴 수 있었다.

당唐나라 나찬懶瓚 선사도 고한희언 선사와 같은 운수의 삶을 살았다. 그도 일생 동안 누더기 한 벌로 살았다.

젊은 날 누구보다 치열하게 정진하여 얻은 깨달음으로 인해 그를 존경하고 따르는 사람이 많았으나 회상會上을 만들지 않았다. 비록 누더기 한 벌이었으나 그에게는 부족함이 없었고 머무는 곳이 일정하지 않았으나 조금도 불편함을 느끼지 않았다.

바람과 구름같이 자유롭게 사는 수행인이었다. 오히려 그가 잠깐 머무는 곳에는 해탈의 진미眞味를 깨닫는 사람들이 있었고 걸식을 통해 얻은 밥 한 그릇을 먹으면서 자족을 내보여 곳곳에서 존경하는 사람들이 늘어났다.

그가 남긴 게송偈頌을 보면 무소유의 생활을 즐기면서 생사에 걸림 없이 살았음이 극명하게 드러난다.

산 위의 구름으로 천막을 삼고
밝은 달로 갈고리를 삼는다.
머루 다래 덩굴 밑에 앉고
돌베개를 베고 잔다.
생사에 근심이 없으니
어찌 무엇을 근심하랴.

산 위의 구름으로 천막을 삼고 밝은 달로 촛불을 삼는 여유가 있었으니 거처할 곳이 필요 없었고 머루, 다래가 달린 덩굴 밑에서 생활을 했으니 먹고 자는데 불편함이 없었다. 그리고 나고 죽는 근심을 털어 버렸으니 인간의 근원적인 고통에서 자유로울 수 있었다.

나찬 선사의 이러한 수행과 깨달음은 많은 사람들에게 회자되어 당 황제의 귀에까지 전해졌다.

덕종德宗은 사신을 보내어 그를 초청코자 했다.

사신이 그가 있는 곳을 찾아갔을 때 나찬 선사는 소똥을 태운 불 속에서 감자를 구워 먹고 있었다. 얼굴에는 눈물과 콧물이 뒤범벅이 되어 흘러내리고 있었다.

사신이 그 모습을 보고 천자의 명을 가지고 왔으니 눈물과 콧물을 닦고 명을 받으라고 하자 그는 "나는 천자를 위해 애써 눈물과 콧물을 닦고 싶지 않소." 하고 황제의 명을 그 자리에서 거부하고 끝내 자리에서 일어나지 않았다.

그의 얼굴에는 당황하는 기색도 없었고 오히려 귀찮다는 표정이었다.

황제는 사신의 보고를 받고 나찬 선사의 가는 길을 방해하지 말라고 하였다.

나찬의 진면목을 이해하는 말이었다.

스님은 고불古佛입니다.
자네는 새로운 부처이군.

조주趙州, 778~897 선사는 선종사에 길이 빛날 뛰어난 선사이고 눈 밝은 선지식이다. 그가 남긴 선적禪的 에스프리는 천년이라는 역사가 지났는데도 지금도 화젯거리이고 정신적 가치로 남아있다.

영적 기품이 있는 말솜씨는 너무 멋스럽고 남이 흉내 내기 어려울 뿐 아니라 일언일구一言一句가 화두話頭가 되었다.

중국 선사들이 남긴 공안公案, 즉 화두는 1700여 종류가 된다. 그 가운데 조주 선사가 남긴 화두는 그 당시에도 화젯거리였고 참구의 대상이 되었다. 화두의 핵심이라고 할 수 있는 조주의 '무자無字'는 1,300년이 지난 지금에도 참구하고 있다. 그리고 우리나라 선원에서 가부좌를 틀고 앉아서 공부하는 스님네 80%가 조주 무자無字 화두를 들고 있다.

조주 선사가 남긴 화두는 조주 '무자無字'로부터 '만법귀일 일귀하처萬法歸一 一歸何處'·'정전백수자화庭前柏樹子話' 등 너무 많다.

지금도 선원에서 참구되고 회자되고 있는 '조사서래의祖師西來意' 즉 달마가 서쪽에서 오신 뜻이 무엇 때문이냐고 묻고 있지만 실제는 도란 무엇인가 묻는 질문이라 할 수 있다.

이 질문을 받는 조주는 머뭇거림 없이 '뜰 앞에 잣나무' 라고 대답하여 화두가 되어 오늘날까지 전해지고 있으며, 또 어떤 스님이 "만법이 하나로 돌아가는데 그 하나는 어디로 돌아갑니까?" 하고 묻자 "내가 청주에 있을 때 일곱 근 나가는 무명옷을 지어 입었다."고 대답한 것이 화두가 되었다.

중국 선종사에 등장하는 선사들 가운데 조주만큼 영특하고 에스프리가 넘치는 재능을 가진 인물은 없었고 돈오적頓悟的 안목을 가진 선사도 없었다. 그가 지닌 돈오적 안목은 전율을 느끼게 하고 충격적이다. 그리고 정문頂門의 일침은 부처와 중생을 한꺼번에 관통하고 있다.

다른 선사들처럼 거칠거나 야성적 면도 없으면서 모든 사람들을 의문 속으로 빠트리게 하고 영혼이 상처 날 만큼 충격을 받는다.

그는 일생동안 부처와 조사에 얽매이지 않는 체험적 자유를 내보이고 안으로나 밖으로 아무것도 구하지 않고 지니지 않은 가풍家風을 실천한 유일한 선사이다.

그리고 언어나 사유思惟 분석으로 해석할 수 없는 의단疑團을 제시하여 우리들을 집중과 몰입沒入하도록 한 선사이기도 하다. 그가 던진 의심덩어리나 일언일구一言一句는 우리의 영혼을 맑히고 쇄신케 하고 있다. 그는 차 한 잔으로 천하인의 마음을 안심安心케 하는 능력을 가지고 있었으며 집착을 벗어

나 자유를 누리기 위해서는 내려놓아야 한다는 '방하착放下
着'을 선언한 선사이기도 하다.

내려놓아야 한다고 최초로 선언한 인물이 바로 조주 선사
임을 아는 분은 그리 많지 않다. 그는 황벽 선사와 같이 부처
와 조사에 얽매이는 것을 제일 싫어한 선사이기도 하다. 황
벽?~850이 살불살조殺佛殺祖란 말로 부처와 조사祖師에 얽매이
지 말고 극복하라고 했듯이 조주는, "내가 싫어하는 것이 하
나 있는데 그것은 부처라는 말佛之一字 吾不喜聞"이라고 했다.

그는 120살까지778~897 산 장수를 누린 선사 가운데 한 분
이다.

초기 선종사에 등장된 선사들 가운데 가장 오래 산 분이
혜안국사慧安國師, 587~709이다. 혜안은 삼제국사三帝國師로 추
대될 만큼 지혜와 덕을 겸비한 선사였고 특히 측천무후則天武
后에게 존경을 받으면서 입수장인入水長人이란 칭호를 받고
127세까지 살았다. 입수장인이란 백세가 넘은 혜안을 측천무
후가 궁중으로 초청하여 우유와 향수로 만든 목욕탕에 들게
하여 받은 칭호였다.

수십 명이 넘는 궁녀들이 지켜보고 있는 가운데 욕탕에 들
게 하자 혜안은 얼굴빛 하나 변하지 않고 물속에 들어가 마음
이 움직이지 않은 삼매三昧를 보였으며, 측천무후도 놀라서
눈앞에서 입수장인入水長人을 보면서 감탄하였다고 한다.

그 다음으로 북종선北宗禪을 대표한 신수神秀, 606~706 선사

가 100살까지 살았다고 전하고 있다. 혜안과 신수 그리고 조주 선사는 보통사람들보다 두배 가까이 장수를 누렸다. 조주의 속성은 학郝씨이고 산동山東지방에 있는 조주에서 태어났다. 그는 일찍이 어려서 출가하였다. 동진 출가를 한 것이다. 무엇 때문에 어려서 출가를 했는지 그의 행장行狀은 밝히지 않고 있다.

조주趙州란 지방에 있는 관음원觀音院에 오랫동안 주석하여 조주趙州라고 불렸다고 한다. 그의 법명은 종심從諗이다. 법명보다 조주란 이름이 널리 알려져 있고 우리에게는 익숙한 이름이다.

그는 처음에 '호통원'이란 규모가 작은 절로 출가하여 사미로 있다가 그 당시 눈 밝은 선지식으로 존경받던 남전 선사의 가르침을 받기 위해 남전 선사를 찾아갔다.

남전南泉, 748~788은 마조馬祖, 709~788의 제자 가운데 한 사람으로 백장百丈, 720~814, 서당西堂지장과 함께 그 당시 중국 선종을 이끈 삼걸이었다. 마조는 남전을 향해 '독초물외獨超物外', 즉 '홀로 뛰어난 물건 밖의 사람'이라고 극찬한 일이 있었다.

조주가 남전南泉을 처음 방문했을 때 그는 침상에 누워 졸고 있었다.

어린 사미가 찾아왔다는 전갈에 그는 미동하지 않고 그대로 누워 있었다. 오히려 단잠을 방해하는 것 같아 귀찮은 표정이었다. 방문을 열고 들어섰을 때도 남전은 눈도 뜨지 않고 누워 있었다.

조주가 절을 하고 자리에 앉자 "어디서 왔느냐?"고 물었다. 조주는 솔직하게 대답하였다.

"서상원瑞像院에서 왔습니다."

"뭐, 서상원이라고? 그럼 상서로운 모습을 보았느냐?"

선적禪的 기지가 담긴 질문이었다.

조주는 당황하지 않고 놀라운 돈오적頓悟的 안목을 드러내었다. 솔직히 말하면 소름이 끼치고 그의 에스프리에 무릎을 치지 않을 수 없다.

"상서로운 모습은 보지 못했지만, 지금 눈앞에 졸고 있는 여래를 보고 있습니다."

조주의 돈오적頓悟的 직관과 선적 기지가 넘치는 발언에 충격을 받고 자리에서 벌떡 일어났다. 그리고 조주의 얼굴을 살폈다. 돈오적頓悟的 법기法器를 지닌 범상치 않은 사미였다.

"너는 주인이 있는 사미냐? 주인이 없는 사미냐?"

정해진 스승이 있느냐고 물은 것이다. 제자로 삼고자 하는 욕심이 있었기 때문이었다.

"네 주인이 있는 사미입니다."

"그 스승이 누구냐?"

이때 조주는 남전 곁으로 다가가 합장을 하고 공손히 문안 드렸다.

"정월이라 날씨가 아직 춥습니다. 법체 잘 보존하십시오."

스승과 제자를 삼는 문답이 끝나자 남전은 즐거운 마음으로 사미를 제자로 삼았다.

우리는 여기서 사람 보는 안목이 얼마나 중요한가를 깨닫게 된다.

사람 보는 안목과 능력이 없을 때 모든 일을 그르치게 함을 우리는 지금도 보고 느끼고 있기 때문이다. 그래서 옛 사람은 인사人事가 만사萬事라고 했다. 전문성과 능력도 뛰어나지 못하고 국민의 신망도 없는 사람을 골라 끝내는 국민들에게 실망을 안겨 주는 권력자들을 지금도 보고 있기 때문이다.

조주가 사람을 여래如來로 파악한 돈오적 안목과 지혜는 마조와 그의 제자들을 통해 이루어지고 있음을 볼 수 있다.

마조의 제자 가운데 대주혜해大珠慧海가 처음으로 찾아와 불법을 구하러 왔다고 말하였다. 마조는 혜해 화상의 얼굴을 힐끔 쳐다본 후 말하였다.

"자가自家의 보장寶藏은 찾아보지도 않고 집을 버리고 타향에서 방황하고 있군. 나는 한 물건도 가지고 있지 않다."

"무엇이 자가의 보장입니까?"

"지금 나에게 묻고 답하는 것이 네 자신의 보장이다."

부처를 마음 밖에서 찾지 말고 즉심卽心이 즉불卽佛임을 깨우쳐 주었다.

이와 비슷한 일화는 마조의 제자인 분주무업汾州無業, 759~820 화상에게도 있었다. 사람이 그대로 부처임을 깨닫게 하는 일화이다.

무업無業 스님이 처음 마조를 참례했을 때 그의 훤칠한 용모와 우렁찬 목소리를 듣고, "법당은 높고 웅장하나 그 안에 부처가 없군." 하고 힐난하자 그 자리에서 깨달음을 얻었다고 한다.

인간의 육신이 훌륭한 법당이고 그 육신 안에 부처가 가부좌를 틀고 앉아 있음을 깨닫게 하는 일화逸話이다.

육신 안에 있는 부처는 정진과 탐구를 통해 만날 수 있다.

백장 스님의 슬하에서 깨달음을 얻은 신찬神贊 선사는 경전에만 집착하고 매달려 있는 스승 계현戒賢 화상을 일상사를 통해 깨달음을 열어 주었다.

어느 날 스승인 계현은 제자인 신찬에게 목욕물을 데우게 하였다. 목욕탕에 들어선 스승은 다시 등을 밀게 하였다.

신찬은 등을 밀면서 이때야말로 스승이 몸 안에 존재하는 부처를 만나게 할 수 있는 기회임을 깨닫고 스승의 등을 손바닥으로 치면서 한마디 했다.

"법당은 훌륭한데 부처가 영험치 못하군!"

제자의 말을 들은 스승은 어이가 없어 고개를 들어 뒤를 돌아보았다.

이때 신찬은 또 한 번 일격을 가하였다.

"부처가 영험치나 못하나 방광은 할 줄 아는군."

이 말에 스승은 경經을 버리고 부처의 진수를 깨닫는 진리의 현관에 들어설 수 있었다.

마조와 백장百丈 그리고 황벽 시대까지만 해도 심불心佛에 머물러 있었다면, 조주趙州와 임제臨濟 스님에 이르러 사람을 그대로 부처로 인식하는 변화가 있었다.

물론 마조馬祖 스님이 마음이나 부처에만 집착해 있었던 것은 아니다. 그는 사람의 지혜와 근기에 따라 마음도 아니고非心 부처도 아니며 나아가 사람도 아니다非物라고 했다.

그러나 조주 선사처럼 졸고 있는 남전南泉을 보고 '눈앞에 있는 여래를 보고 있다'고 사람을 그대로 부처로 인식한 선사는 없었다.

조주의 이러한 독창적 깨달음의 인식은 훗날 오가칠종五家七宗을 창업하는 선사들에게 많은 영향을 주었다.

진리에 얽매이면 자유스럽지 못하다

조주는 남전 선사의 슬하에서 비구계를 받고 정진에만 몰두하였다.

그는 내면적으로 더욱 깊어졌고 안목은 사유思惟로 미칠 수 없는 세계를 직시하는데 이르렀다.

우리는 여기서 조주 선사가 남전南泉 선사의 슬하에 들어간 때부터 그의 삶과 행적을 눈여겨볼 필요가 있다. 왜냐하면 남전의 슬하에서 40년간 머물러 있었기 때문이었다. 보통 스승과 제자의 인연을 맺으면 3년 동안은 시자侍者로서 역할을 하다가 스승 곁을 떠나기 때문이다. 그러나 조주는 곁눈질을 하지 않았다. 마치 쇠로 금金을 이루는 點鐵金成 무서운 인내력을 발휘하였다.

그는 기다릴 줄 알았다.

안으로 여물 시간이 필요하다는 것을 깨닫고 있었다. 삶이 제대로 성숙하려면 시간이 필요하듯 깨달음이 안에서 빛을 이루기 위해서는 걸맞는 시간이 필요하다는 것을 조주는 알고 있었다.

내적內的 체험이 깊어져야 자증自證의 세계가 열린다.

조주는 의심이 일어나면 스스로 깨달아 해답을 찾으려고

노력하였고 그 깨달음이 스승의 견해와 일치하는가를 시험하기 위해 남전에게 물었다.

"어떤 것이 도입니까?"

"평상심이 도이다."

일상생활에서 활용하고 있는 그 마음이 도란 뜻이다.

"평상심이 도라면 따로 수도할 것도 없지 않습니까?"

"도를 마음 밖에서 찾으려 하면 어긋난다."

"도를 얻으려 하면서 수도하지 않는다면 어떻게 그것이 도라고 할 수 있겠습니까?"

"도는 알거나 모르는데 있지 않다. 만약 무엇인가를 하겠다는 생각을 넘어 참 된 도道에 도달한다면 그것은 마치 허공과 같아 아무런 자취도 없다."

조주는 이 한마디에 크게 깨달았다. 더 이상 의심할 곳이 없었다. 보고 듣는 데도 걸리지 않았고 생각에도 얽매이지 않았다.

이때 그의 나이가 열여덟이었다. 천부적 재능이 깨달음으로 이어졌다. 그리고 미망迷妄과 제약으로부터 벗어났고 범성凡聖을 분별하지 않았다. 깨달음을 이룬 것이 아니라 본래 깨달아 있는 것을 드러내었다.

이때부터 조주는 눈앞에 있는 사물에 도道가 편재遍在해 있음을 알았고 두두물물頭頭物物이 절대적 가치를 지니고 있음을 깨달았다. 세간과 출세간의 미혹과 깨달음을 떨쳐버리므로 인해 안과 밖으로 걸림이 없었다. 눈길이 가는 곳마다 깨달음이 있고觸目菩提 눈빛이 머무는 곳에는 도道가 있는目擊道存 경지를 이룬 것이다.

조주의 창조적 정신은 흘러넘쳤다. 선지禪旨는 호방하였고 선기禪機는 어느 때보다 날카로웠다.

그는 누구보다 천편일률적인 것을 꺼려했고 되풀이되는 타성을 타파하였다. 그래서 그의 한 구절 한 구절이 그대로 공안公安이었고 미망에 갇혀 있는 사람들에게는 타파해야 할 화두였다. 그리고 다른 선사들과 달리 경전의 언구言句를 인용하는 것도 꺼려했고 조사祖師의 어록語錄을 들먹이지 않았다. 항상 창조적 언어로 사람들의 영혼을 맑게 하였다.

바로 이러한 점은 오늘날 선지식으로 존경받고 있는 분들이나 선원禪院에서 오랫동안 가부좌를 틀고 앉아 있는 분들이 참고할 부분이다.

조주는 남전에게 개안을 얻고도 스승 곁을 떠나지 않고 40년을 모신다.

그의 대근기와 사람됨, 그리고 스승과 제자의 관계를 엿보게 하는 대목이다. 요즘 같으면 스승을 일 년도 모시지 않고 떠나는 것이 습관처럼 되어 버린 지 오래이다. 40년 동안을 초심으로 스승을 모셨다니 그의 무서운 인내력 앞에 고개가 숙여진다.

그는 장강長江처럼 길게 호흡하고 장수長壽의 삶을 산 것처럼 무서운 저력을 발휘하였다.

남전 선사가 열반하고 몇 년이 지나 그는 움직이기 시작하였다.

그의 나이 예순에 이르러 비로소 운수雲水의 삶을 시작하여 물병 하나와 지팡이 하나를 의지해 행각에 나섰다. 때로는 산수를 즐기고 당시 눈 밝은 선사라고 소문난 곳은 빠짐없이 순방하였다. 가는 곳마다 조주의 명성을 아는 사람들은 반갑게 맞이하였고 얼굴을 아는 도반들은 이제 운수雲水의 행각을 멈추고 한 절에 정착하라고 권유하였으나 행각은 그치지 않았다. 내적內的 개오開悟와 체험적 삶이 분리되어서는 완전한 깨달음이 아니란 것을 알고 있었기 때문에 조주는 행각을 멈추지 않았다.

그러나 그 고집 때문에 주유茱萸 화상을 만나서는 그만 봉변을 당하고 만다.

하룻밤을 쉬고 나자 주유 화상은 조주의 얼굴을 살피고 나서 "스님만한 연배면 한곳에 정착해서 후학을 가르쳐야지요."하고 주문을 하였다.

더 이상 이 절 저 절로 돌아다니지 말고 한곳에 정착하라고 충고를 한 것이다. 조주는 그 소리가 못마땅했는지 "내가

거주 할 곳이 어딥니까?" 하고 반문하였다

"무슨 말씀을 …. 연세가 그쯤 되었으면서 아직 상주처常住
處도 모른단 말입니까?"

주유 화상의 힐난은 날카로웠다.

더 이상 입씨름을 해봤자 상처만 입을 것 같았다. 조주의
얼굴은 붉어졌고 민망해서 고개를 들 수가 없었다. 조주는 주
유 화상을 떠나면서 혼자 중얼거렸다.

"내가 30년 동안 말 등에 올라 자유롭게 천하를 주유周遊하
였지만 오늘 처음 당나귀한테 채였구나."

주유 화상의 한마디에 상처를 받고 자존심이 무너졌다.

그는 그의 말대로 30년 동안 행각을 하면서 존경만 받았지
상처가 될 만한 이야기는 듣지 못한 것이다.

남전은 많은 제자들을 두었으나 조주만큼 뛰어난 제자는
없었다.

깨달음을 인가 받은 후 조주의 소임은 화부火夫였다. 부엌
에서 불을 지피는 소임이다. 스스로 자기를 낮추기 위해 화부
를 맡은 것이다.

어느 날 그는 문을 꼭꼭 잠그고 부엌에서 불을 지폈다. 공
양을 지을 시간도 아니었다. 연기가 부엌에서 새어 나와 마치
불이 난 것 같았다.

그리고 "불이야 불, 사람 살리시오."하고 소리를 쳤다.

순식간에 절이 온통 발칵 뒤집혀서 사람들이 몰려오자 그는 태연히 이렇게 말하였다.

"그대들이 바른말을 하지 않으면 문을 열지 않겠소."

대중들은 어이가 없어 할 말을 잃고 말았다.

그러나 남전은 아무 말 없이 창틈으로 열쇠를 건네 주었다.

남전은 조주가 요구하는 바른말이란 뜻을 잘 이해하고 있었다.

문이란 열고 닫는 기능이 있다. 문을 잠그고 불이야 소리친 것은 내부에 닫힌 문을 스스로 열어 보라는 상징적 의미가 있다. 그 문은 열쇠가 없이도 열릴 수 있는 문이기도 하다.

조주의 일언일구一言一句와 행동은 우리가 참구해야 할 화두話頭가 되었다. 그의 말은 단순하고 쉬워 보였지만 우리의 지혜로 미칠 수 없는 깊은 뜻이 담겨 있었고, 단순한 행동으로 보였지만 그의 움직임은 우리들이 체험해서 넘어야 하고 깨달아야 할 관문關門이 되었다.

어느 날 조주가 외출을 하고 없을 때 동당東堂과 서당西堂에서 고양이를 두고 불성佛性이 있느니, 없느니 시비가 일었다. 시비가 결론이 나지 않자 남전은 날카로운 삭도를 들고 끝내 여러분이 바른말을 하지 않으면 고양이 목을 치겠다고 선언하였다.

잠깐 침묵이 계속되었지만 끝내 바른말을 하는 사람이 없었다. 남전은 가차 없이 잔인하게 고양이를 두 동강 내고 말았다. 피가 낭자하게 튀었다. 그 모습을 본 대중들은 놀라고 죄를 지은 사람처럼 고개를 숙이고 각자의 방으로 돌아갔다.

선禪은 이처럼 죽이고 살리는 것을 자재하는 선기禪機를 보일 때가 있다.

오후 늦게 조주가 돌아오자 남전은 고양이 목이 달아난 사건을 들려주었다.

조주는 아무 대꾸도 없이 신발을 벗어 머리에 이고 걸어나갔다.

그 모습을 본 남전이 말했다.

"자네가 있었더라면 고양이를 살릴 수 있었을 텐데."

남전과 조주 사이에 이루어진 '남전참묘南泉斬猫'란 화두이고 조주가 남긴 화두 가운데 자주 회자되는 일화逸話이다.

왜 남전은 죄 없는 고양이에게 잔인하고 무정한 짓을 했을까, 생각해 보지 않을 수 없다. 의심이 깊어져야 공안公案이 된다. 따지고 보면 단칼에 고양이를 두 동강 냄으로써 그는 무엇을 가르치고자 했을까. 그리고 조주는 왜 신발을 벗어 머리 위에 이고 나간 것일까.

종합해 보면 화두로서 가치와 풀어내야 할 함의含義가 다 들어있다고 볼 수 있다. 조주의 창조적 지혜는 순간순간 날카로움을 드러내고 있다.

어떤 스님이 조주에게 다음과 같이 질문하였다.

"달마대사께서 서쪽에서 오신 뜻이 무엇입니까?"

오늘날 우리나라 선원에서 참구되고 있는 화두 가운데 하나인 '조사서래의'를 묻는 것이다.

달마가 서쪽에서 오신 뜻이 무엇이냐고 묻고 있지만, 실제는 불교 근본교리는 무엇인가, 그리고 도道란 무엇이냐고 묻는 것이다.

조주는 머뭇거림 없이 "뜰 앞에 잣나무니라."고 대답하였다.

'정전백수자화庭前栢樹子話'란 화두가 여기서부터 시작되었다. 선禪이 지닌 상징이나 격외적格外的 의미를 제거하면 조주가 말하는 것은 도道가 뜰 앞의 잣나무에 있다는 뜻이다.

왜냐하면 도道는 만물에 편재遍在해 있다.

조주가 이 질문을 받을 때 눈앞에 보인 것은 잣나무였기 때문에 잣나무라고 말했을 뿐이다. 하나의 대상을 언급했지만 도道를 가리키기 위해 잣나무를 언급했을 뿐이다.

또 한 번은 어느 스님이 "만법이 하나로 돌아가는데 그 하나는 어디로 돌아갑니까?" 하고 물었다.

"내가 청주靑州에 있을 때 일곱 근 나아가는 무명옷을 지었다."

이 질문에서 이루어진 화두가 '청주포삼靑州布衫' 이다.

질문과 답변을 살펴보면 조주 쪽의 답변이 참으로 엉뚱하다는 것을 발견할 수 있다. 이것을 격외도리格外道理라고 한다.

질문과 답변이 상치하고 있지만 이 화두는 초심자의 마음을 계발하는데 중요한 역할을 한다.

내려놓음의 미학

오늘날 선원에서 가장 많이 참구되고 있는 무자화두無字話頭도 조주 선사에 의해 만들어졌음을 누구나 잘 알고 있다.

하루는 논길을 가다가 동네 개들이 지나가는 것을 본 시자侍子가 "개에게도 불성佛性이 있습니까, 없습니까?"하고 묻자, 그는 태연히 "없다."고 대답하였다.

"유정有情 무정無情이 다 불성을 갖추어 있다."고 말한 부처님 말씀과 다르기 때문에 가장 큰 의심뭉치가 된 것이다.

화두란 잘 알다시피 옛 선사들의 말씀이나 문답에서 이루어진 기연機緣으로 끊임없이 참구해야 할 과제이다.

그리고 마음의 바탕을 열어 주는 열쇠이기도 하다

조주 스님의 시대나 그 후 선종에서는 위와 같은 문답이 풀어야 할 숙제였고 화두로서 긴장감이나 현실성이 있었기 때문에 끝없는 의문이 제기되고 마음의 바탕을 열어 주는 열쇠로 역할을 했지만, 오늘날 선禪과 화두를 참구하는 사람들에게는 긴장감이나 현실성이 떨어질 뿐 아니라 형해화形骸化된 관념으로 평가 받기 쉽다.

눈빛이 닿는 곳마다 깨달음이 있다觸目菩提고 했듯이 삶의 과제를 풀어야 할 숙제는 현실 속에 너무 많다.

현실 속에서 이루어지는 현성공안現成公案에 대해서 한국 선종은 반성과 성찰의 기회를 가져야 하고 이에 대한 폭넓은 토의가 있어야 한다.

조주 선사의 행각은 오랫동안 계속되었다. 주유 화상和尙에게 한곳에 정착하여 후학을 지도하라는 충고를 받고도 멈추지 않았다. 조당집祖堂集이나 전등록傳燈錄에 실린 내용을 보면 행각 중에 만난 선지식들이 있었으나 조주는 특별한 관심을 내보이지 않았다.

다만 투자投子 화상에 대해서는 특별한 애정과 관심을 보이고 있다. 그만큼 투자 선사는 그 당시 눈 밝은 선지식으로 그리고 발군비범拔群非凡한 인물로 평가 받고 있었다. 조주가 투자에게 관심을 보인 이유 가운데 하나는 자신의 삶과 많이 닮아 있었다. 검소하고 청빈한 삶도 비슷하였고 구하는 것 없이 얽매임이 없는 삶을 누리고 있었기 때문이다.

투자 화상은 투자산投子山에 오랫동안 주석했던 대동 선사大同禪師를 말하며 취미무학 선사의 법을 이어 받은 분이다. 그의 수행 생활은 매우 청빈했고 때로는 참기름을 팔아서 생활할 만큼 검소했다.

조주는 투자산을 향해 걸었다. 투자 화상을 만나기 위해서였다.

절 밑에서 우연히 투자 화상을 만났다. 서로 한 번도 본적이 없어 얼굴을 확인할 수 없었다.

조주는 이 분이 투자投子라고 직감하고 먼저 인사를 건네면서 "당신이 대동 화상이 아니시오?" 하고 물었다

투자는 조주의 얼굴을 힐끔 한 번 쳐다보고는, "나는 지금 장보러 가는데 돈을 좀 보시해 주겠소?"란 말을 남기고 그냥 뒤도 돌아보지 않고 지나가 버렸다. 조주는 걸어가는 투자를 한참 바라보다가 투자산으로 올라가 그가 돌아오기를 기다렸다.

이윽고 투자는 기름단지를 들고 늦게 절로 돌아왔다.

투자의 모습을 자세히 살핀 조주는, "투자, 투자하고들 꽤 떠들어대는데 막상 와 보니 하찮은 기름장수 중이군." 하고 빈정거렸다.

투자는 검소한 수행인이었다. 시은을 받지 않고 스스로 기름을 짜다가 팔아 생활을 하고 있었다. 궁핍하였지만 가난에 찌든 모습이 없었다. 넉넉한 초탈이 몸에 배어 있었다.

투자는 조주의 빈정거림을 듣고 화도 내지 않은 채, "당신은 기름단지에 정신이 팔려 나를 못 보는군."

조주를 눈 뜬 장님이라고 응수한 것이다. 날카로운 선기禪機가 두 사람 사이에 번득이며 오고 갔다.

"그럼 투자의 정체를 보이게." 하고 재차 물었다.

투자는 한바탕 웃고 나서 기름 단지를 불쑥 내밀며, "기름

이요, 기름. 기름 안 사겠소?" 하고 소리를 지르며 기름 장수 행세를 하였다.

이렇게 두 사람은 무르익은 근기를 살피고 나서 조주가 투자에게, "아주 죽어버린 자가 갑자기 살아난다면 어떻게 하겠소." 하고 질문을 하자, 투자는 "밤에 쏘다니면 안 되네. 내일 아침 다시 오게." 하고 응수하였다.

절세초륜지사絕世超倫之士와 일군대사逸郡大士의 만남에서 이루어진 대화 속의 내용을 풀이하는 것은 어긋난 일이다.

다만 참구해야 할 과제로 남겨 두어야 할 일이다.

조주의 창조정신은 상상할 수 없을 정도로 광활하고 그지없이 신선한 영혼을 소유한 참구자란 것을 다음의 법어에서 느낄 수 있다.

그가 구사한 언어는 되풀이되는 법이 없었고 항상 새로운 인식을 드러내고 창조적 언어로 우리의 가슴을 설레게 하고 있다.

조주는 어느 날 대중 앞에서 '지도무난至道無難 유혐간택唯嫌揀擇'이라고 설법을 했다. 처음으로 승찬 대사의 신심명信心銘의 첫 구절을 인용하였다. 이례적인 일이었다.

권력자를 접대하는 방법

　지극한 도道는 어렵지 않다. 오직 간택 즉 분별을 싫어할 뿐이다. 지도至道를 깨닫는 일은 어렵지 않는데 간택하므로 그 지도에 계합하지 못한다고 설명하였다.

　그러나 원오圜悟 선사는 벽암록의 수시垂示를 통해 매우 난해하게 설명하고 있다.

　　지도至道는 광활하다. 아무리 천지가 넓더라도 지도에 비교하면 좁고 옹색하다. 해와 달이 밝다 하지만 지도 앞에서는 비교되지 않는다. 이 지도는 봉棒으로 친다고 해도 끄집어 낼 수 없고 할喝을 한다고 해도 본질을 밝힐 수 없다.

　그리고 삼세제불도 설명할 수 없다고 설명하고 있다.

　그러나 조주의 지도至道는 어렵지 않다. 바로 우리 눈앞에 펼쳐져 있는 만물이 그대로 지도의 모습이다. 다만 차별을 버릴 뿐이다. 상대니 절대니 하는 이분법의 견해에 빠지지 말라. 나는 절대적 경지에 사로잡혀 있지 않다.

　오랫동안 정진한 운수雲水가 물었다.

　"간택과 명백 따위가 없다면 무엇을 소중히 여깁니까?"

조주는 운수의 질문에 맥 빠지는 대답을 한다.

"나 역시 모르겠다."

"스님께서 그게 무엇인지 모르신다면 왜 절대적 경지에 사로잡혀 있지 않다고 했습니까?"

"자네는 제법 이론을 좋아하는군!"

조주의 생애 가운데 한 가지 밝히고 넘어갈 부분은 당唐나라 무종武宗 당시 불교탄압을 견디지 못해 산으로 피신하여 나무 열매와 풀뿌리로 주림을 달래고 풀을 엮어 몸을 가리면서 숨어 산 것이다.

당나라 840년경에 불교는 중국 역사상 그 유래가 없는 가장 심한 타격을 받을 운명에 처해 있었다. 이 타격은 불교의 근간을 흔들어 놀만큼 심해 그 이후 완전히 회복하지 못한 상처로 남았다.

814년에서 847년까지 집권한 당 무종은 이방종교異邦宗敎를 근절시키려 하였고 탄압의 주요 원인은 경제적인 것이었다.

845년에 내린 칙명으로 4천6백 개소가 넘는 사찰과 4만여 곳이 넘는 불당이 파괴되었고 26만5백 명이나 되는 비구와 비구니들이 환속 당했으며 15만 명의 사노寺奴들이 조정에 의해 몰수되었다.

무종의 칙명이 845년에 내려졌다면 조주의 나이 60세가 될 쯤이며 행각에 나설 무렵이라고 추측할 수 있다.

그 이전에 산으로 피신했는지 기록이 없어 판단할 수 없지만 상당 기간 산속으로 피신하여 채근목과로 생명을 유지한 것은 분명한 것 같다. 비록 나무열매와 풀뿌리로 주린 창자를 달래고 있었지만 수행자의 법도를 잃지 않고 정진을 계속하였다고 전하고 있다.

무종의 불교 탄압을 체험한 그는 다른 선사들과 달리 권력자와 두터운 교분이나 인연을 맺지 않았다.

혜안慧安, 현색玄賾, 신수神秀 등이 삼제국사三帝國師로 책봉되어 영광을 누렸고 마조馬祖도 홍주자사洪州刺史의 극진한 대접을 받았는가 하면 황벽黃檗도 배휴裵休란 벼슬 높은 재속在俗 제자를 두어 훗날 법어집까지 출간하는 후원을 받았지만 조주의 생애는 권력자와 두터운 교분을 나눈 흔적이 발견되지 않고 있다.

그렇다고 조주가 권력자들을 만날 기회가 없었던 것은 아니다. 다만 가까이 하지 않고 시류에 물들지 않았다.

조주가 80이 넘어 조주성曹州城 근처 관음원에 주석하고 있을 때 잠깐 진주鎭州에 머물고 있었다.

이때 하북河北의 연왕燕王과 만난 인연이 있음을 조주록趙州錄은 기록하고 있다. 이때는 전쟁이 곳곳에서 일어날 때이다. 특히 조주가 머물었던 진부鎭府는 무인武人들이 장악하고 있을 때였다. 하북의 연왕이 군대를 이끌고 진부를 점령하기 위해 국경에 이르렀을 때 풍수지리에 밝은 신하 한 사람이 연왕에게, "조주에는 성인이 살고 있으니 싸우면 반드시 패할 것이다." 진언을 하자 연왕과 조왕은 연회를 열고 휴전을 하였다.

두 왕은 다음날 수레를 이끌고 조주 선사를 찾았다.

수레에서 내린 두 왕은 절 안을 살폈지만 인기척이 없었다.

영접하는 사람이 없자 두 왕은 몹시 불쾌하였다. 조주의 방문 앞에 이르러 선사를 불렀지만 방문만 열어 놓고 조주는 미동도 하지 않고 앉아 있었다. 그리고 왕에게 앉아서 고개만 숙여 예를 올린 후 끝내 자리에서 일어나지 않았다.

다음날 연왕의 밑에 있는 장수가 조주 선사를 찾았다.

군주에게 오만했던 것을 따지기 위해 간 것이다.

장수가 찾아왔다는 말에 조주는 전날과 달리 자리에서 일어나 그를 맞이했다.

"어제는 두 왕이 오는 것을 보고도 일어나지 않더니, 오늘은 제가 오는 것을 보고 어찌해서 일어나 앉으십니까?"

"그대가 대왕이었다면 나는 또한 일어나지 않았을 것이다."

이 인연으로 두 왕은 조주를 존경하고 큰 선원禪院을 지어 주려고 하자 조주는 고개를 저으면서, "만약 풀 한 포기라도 옮기면 나는 조주로 돌아갈 것이다." 끝내 조주는 시은을 거절하였다.

앞에서 지적했듯이 조주가 남전사에 있을 때 무종의 불교

탄압을 받게 되었는지 그렇지 않으면 만행萬行 중에 법난을 당했는지 그 시기가 명확하지 않다. 다만 연대로 보면 60세가 되어서 불교 탄압이 시작된 것은 분명하다.

조주는 산중에 피신해 있으면서도 정진의 끈을 늦추지 않았다.

그리고 무종의 불교 탄압 속에 담긴 내용을 검토하고 자성과 성찰할 부분을 찾아내었다.

그 당시 사원寺院은 지나칠 정도로 경제적으로 치부를 일삼고 있었고 일부 승려는 개인 재산을 축적하고 있었을 뿐 아니라 계율적으로도 비난받을 만한 일들이 많았다.

수만 명의 사노寺奴를 거느리고 있을 만큼 사원은 사치스러운 생활을 하고 있었다.

반면 선종禪宗은 피해가 없었다.

왜냐하면 하루 일하지 않으면 하루 먹지 않는다一日不作 一日不食는 백장청규百丈淸規을 실천하면서 자급자족을 하고 있었기 때문이다.

이때부터 조주는 스스로 청빈과 검소한 생활을 익혔다. 밖으로나 안으로 구하지 않고 일의일발一衣一鉢로 자족하는 청백가풍淸白家風을 만들어 가면서 안과 밖을 텅텅 비우고 세간적 욕망과 출세간의 허영을 몸에 붙이지 않았다.

관음원으로 돌아와 방장으로 있으면서도 조주의 살림살이는 궁핍하였다. 방장실方丈室에 선상禪床 다리가 부러져도 바꾸지 않고 불에 타다 남은 나무토막을 노끈으로 묶어 사용하자 그것을 보고 원주院主가 새것으로 바꾸려 하자 끝내 허락하지 않았다.

그리고 40년 동안 주지를 하면서 시주에게 편지 한 통 보낸 일이 없고 권선을 청한 일도 없었다.

조주 선사가 관음에 주석하고 있을 때 정진을 열심히 하던 운수雲水가 찾아와 물었다.

"모든 사람들이 조주, 조주하는데 그 조주란 어떤 것입니까?"

운수의 질문은 빈정거림이 담겨 있었다. 그러나 개의치 않았다.

"조주에는 동문도 있고 서문도 있고 남문과 북문도 있다."

따지고 보면 어느 지역인들 동서남북이 없겠는가. 조주가 말한 문은 한정된 문門이 아니라 시방법계가 그대로 문이란 것이다.

조주는 지금의 산동성山東城 조주曹州 태생으로 북부 사람이었지만 수행은 주로 남쪽 지방에서 했다. 스승 남전南泉이 입적하고부터 다시 북쪽 지방인 조주로 돌아와 관음원에 오랫동안 주석하였다.

이 화두는 관음원에 있을 때 만들어진 것이다. 그리고 화두에 등장된 진주鎭州는 조주에서 얼마 떨어지지 않은 곳이다.

진주에는 무가 명물이었다.

어느 날 스님이 찾아와 물었다.

"소문에 의하면 화상和尚께선 남전 선사를 친히 모시고 갈고 닦아 그 법을 이은 제자라고 하는데 과연 그렇습니까?"

조주는 질문 내용이 무엇인지 알고 있었지만 그가 근원에 계합할 수 있도록 엉뚱한 대답을 하였다.

"진주에는 꽤 큰 무가 난다지?"

조주의 일언에 천하의 선지식도 당황하지 않을 수 없었다.

조주가 관음원에 주석하고 있을 때였다.

관음원에서 30리 정도 떨어진 곳에 유명한 돌다리가 있었다. 이 돌다리를 비롯해 이름난 석교石橋가 두 개나 더 있다.

그 가운데 하나가 관음원과 가까이 있었다.

운수雲水가 하룻밤을 묵고 나서 조주에게 물었다.

"오래 전부터 조주의 돌다리가 유명하다기에 막상 와 보니, 그저 간단한 외나무다리가 아닙니까?"

"너는 외나무다리만 보고 돌다리는 보지 못했구나!"

"그 돌다리는 어떤 것입니까?"

"나귀도 건너가고 말도 건너지."

그의 발언은 항상 독창적이었고 상징적 의미를 내포하고 있었다. 했던 말을 되풀이하지 않았고 천편일률적인 것을 거부하고 창조적 발언으로 상대를 궁지로 몰아넣었다.

무소유의 가풍

조주는 다른 선사들과 달리 나이가 고령에 이르렀음에도 그의 영적 발랄함은 녹슬지 않고 예지로 넘쳐 났다.

비록 육신은 늙었지만 마음은 늙지 않고 달관의 안목을 드러내었다.

젊은 수행인들도 조주의 이러한 날카로운 기봉機鋒을 당해 내지 못했다.

그리고 그의 돈오적 안목과 지혜는 다가오는 미래를 예측하고 있었다.

90년 전에는 나는 마조의 가풍을 이은 선사들을 80명 이상 보았는데 그들은 항상 창조적 정신이 넘쳐흘렀다. 그러나 근년에 이르러 근기는 쇠약해지고 안목이 열린 수행자는 줄어들고 분파가 많이 생겨났다.

조주가 이 예견을 말했을 때는 110세를 넘긴 9세기 말에 해당된다. 그의 미래를 보는 안목과 에스프리는 정확하고 소름이 끼칠 정도이다. 이때 선종은 쇠퇴의 기미가 시작될 때였다. 조주가 말한 것처럼 선학禪學의 황금시대가 서서히 지나가고 있을 때였다.

그러나 그는 당대唐代 최후의 정신적 거인巨人으로 붉게 지고 있는 석양의 어두운 그림자를 혼자서 바라보아야 했다.

조주는 분파를 싫어했기 때문에 종문宗門을 건립하지 않았다.

그의 정신은 너무나도 대방무외大方無外하여 어느 종문의 개조開祖가 되거나 법맥法脈의 체계를 세우고 순위를 정해 계승하는데 관심이 없었고 조사당祖師堂을 지어 영정影幀을 모시는 일에는 초연하였다.

그러나 그 후 선종禪宗 오가五家는 조주를 고불古佛로 추대하는데 주저하지 않았고 그가 남긴 화두를 지혜를 개발하는 원천으로 삼았다.

그는 중국 선종사에서 찾아볼 수 없는 독특한 인물이었다.

상상할 수 없는 광활한 지혜를 지니고 있고 어디에도 집착하지 않는 맑은 영혼의 소유자였다.

그의 법어만 읽고 있어도 세속적인 제약과 억압들이 풀려나가는 것 같고 기성관념과 집착이 한 풀씩 벗겨지는 자유스러워짐을 느낄 수 있었다. 그리고 누구도 조주만큼 텅 빈 이치를 깨닫고 있는 분이 없었고 큰 지혜와 큰 작용 큰 기틀을 지니고 있는 분도 없었다.

그의 영혼은 어떤 틀에도 갇히지 않고 살아 움직이면서 항상 창조적 세계를 만들어 내었다.

관음원에 주석하고부터는 찾아오는 사람이 끊이지 않았다.

찾아오는 사람마다 미망을 지니고 있었고 범성凡聖의 분별에 사로잡혀 있었다.

조주를 평소 존경하던 분이 초상화를 그려 가지고 찾아왔다.

조주는 그림으로 완성된 자기 모습을 한참동안 바라본 후 "이것이 정말 나의 모습이라면 그대는 나를 죽일 수도 있을걸세. 그러나 그렇지 않으니 내다 태워 버리게." 조주는 참된 자아가 아닌 껍데기는 허용하지 않았다.

그리고 젊은 날 자신의 모습을 바라보는 것이 부질없는 일이란 것도 잘 알고 있었고 다만 살아 있는 현존에만 신경을 썼다.

조선조 시대 서산휴정西山休靜은 묘향산 원적암圓寂庵에서 임종을 앞두고 당신의 진영眞影을 보고, "팔십 년 전에는 저게 나이더니 팔십 후엔 내가 저인가." 영찬을 써 놓고 입적했다고 전해지고 있다.

하루는 선사를 존경하던 운수雲水가 방문을 열고 들어서면서, "빈손으로 왔습니다." 하고 문안을 드렸다.

차茶 한 봉지도 사들고 오지 않는 것이 끝내 미안했는지 빈손으로 왔다고 양해를 구했다.

조주는 운수의 얼굴을 한 번 힐끔 쳐다보면서, "그러면 내려놓게!"

자기 손에 아무것도 들고 있지 않은 것을 알고 있으면서 내려놓으라는 말에 운수는 당황하여 어쩔 줄을 몰랐다.

"아무것도 가져온 게 없는데 무엇을 내려놓습니까?"

"그럼, 계속해서 들고 있게나."

운수가 지닌 물건을 내려놓으라는 말이 아니었다. 아무것도 갖고 온 것이 없다고 생각하는 그 마음을 내려놓으란 의미였다.

우리가 물질적으로 지닌 것은 버리거나 내려놓을 수 있다.

그러나 정신적으로 집착해 있거나 관념적인 것은 내려놓기가 어렵다. 물질과 정신적인 것으로부터 자유스러워지려면 두 가지를 다 내려놓아야 한다.

우리가 비우지 않고 생멸이 없는 자성自性을 밝힐 수 없듯이, 본래 자아를 드러내기 위해서는 비워야 하고 집착에서 벗어나려면 내려놓아야 한다.

특히 방하착放下着이란 말은 조주가 처음 사용한 것이다.

안과 밖에서 구하는 것이 없다

그가 80이 넘어 관음원에 주석할 때 그의 생활은 매우 궁핍하였다.

겨우 삼시 세 끼를 해결하는 수준이었지만 불편함이 없었고 구하는 것이 없었다. 그러나 그의 정신은 자족으로 넘쳤다.

하룻밤을 지낸 운수가 조주에게 물었다.

"방장方丈스님의 가풍家風은 무엇입니까?"

"안에는 아무것도 없고 밖에서는 아무것도 구하지 않네."

그는 무소유로 걸림 없는 자유를 누리고 행복할 수 있다는 것을 보여주고 있다.

어느 날 거지가 구걸을 하러 문밖에 서 있음을 보고 조주에게 물었다.

"거지에게 무엇을 줄까요?"

"거지에게는 부족한 것이 없지."

"그러면 부처는 누구입니까?"

"그대는 누구인가?"

묻고 있는 그대가 다른 사람이 아니라 부처란 것을 깨우쳐주었다.

이러한 돈오적 인식은 마조로부터 시작되어 백장과 황벽

을 거쳐 임제臨濟에 이르러 완성된다.

백장 선사에게 운수가 부처는 누구입니까? 물었을 때도 백장은 묻는 그대는 누구인가 반문한 일이 있다.

법안종法眼宗을 개산開山한 법안 스님에게 운수가 찾아와서,

"저는 혜초라고 합니다. 요즈음 소승들 사이에 화제가 되고 있는 부처란 어떠한 것입니까?"

하고 물었다.

법안은 부처에 대한 설명은 하지 않고, "자네가 바로 혜초였군." 하고 대답하였다.

임제가 말했듯이 신심일여身心一如가 된 무위진인無位眞人이 그대로 부처임을 깨우쳐 준 것이다.

그리고 황벽 스님이 말했듯이 마음을 가지고 마음을 찾지 말고 부처가 부처를 찾지 말라는 것을 돈오적으로 깨우쳐 준 것이다.

조주의 뛰어난 안목과 날카로운 선지禪旨를 읽을 수 있는 대화 가운데 최고의 백미라고 할 수 있는 것은 다음과 같은 대화이다.

조주를 평소 존경하던 유학자가 찾아와 예를 올린 후,

"대사께서는 정말로 고불古佛이십니다."

조주에 대한 존경을 담은 최대의 찬사였다.

오랫동안 모셔온 고불古佛로 인정했기 때문이다. 고불古佛
로 추대된 조주의 대답은 우리를 또 한 번 신선한 충격으로
몰아넣는다.

"그대야말로 신여래新如來이시오!"

고불古佛이란 찬사를 받은 그는 상대를 새로운 부처로 인식
해 버렸다.

찬사에 대한 응수치고는 최고의 백미에 속한다고 말하지
않을 수 없다. 선종사에 등장된 선사들 가운데 이처럼 선지가
넘치는 신선한 대화를 한 분은 일찍이 없었다.

인간이 지닌 자아란 항상 새롭게 형성된다. 어찌 보면 고
불古佛이란 역사적으로 죽어버린 부처이다.

처음 남전南泉을 만났을 때 상서로운 모습을 보았느냐고 묻
자 그는 누워 있는 여래如來를 본다고 대답한 일이 있다. 그의
안목은 항상 새로운 것을 인식하고 새로운 지혜를 제공하고
있다.

조주에게 어느 날 최낭중崔郎中이라는 거사居士가 찾아와
물었다. 가끔씩 얼굴을 마주하고 대화를 하는 분이었다.

이날도 거사는 차 한 잔을 마시고 난 후 대뜸 "대선지식도
지옥에 들어갑니까?" 하고 물었다

"나는 맨 처음 들어간다."

"대선지식인데 어찌하여 지옥에 들어갑니까?"

"내가 들어가지 않는다면 어떻게 그대를 만나겠는가?"

거사는 아무 말 없이 자리에서 일어나 집으로 돌아갔다.

어느 날 조주는 제자 한 사람이 입적하여 장례를 치르게 되었다.

조주도 장례 행렬에 참석하였다. 상여 뒤를 따라가다가 문득 한마디 하였다.

"수많은 죽은 사람이 단 한 사람의 산 사람을 따라가는군."

그는 역설적으로 말하였다. 그의 눈에는 죽은 사람이 산 사람으로 보였고 살아 있는 사람이 죽은 사람으로 보였다.

삶과 죽음이 하나라는 것을 깨우쳐 준 조주의 일구(一句)였다.

부처란 말을 듣기 싫어한다

조주는 인간을 그대로 부처로 인식한 선사 가운데 한 사람이다.

그리고 임제臨濟 선사처럼 부처와 조사祖師 전통, 나아가 스승을 최고의 가치로 삼지 않았다. 왜냐하면 그것은 부처와 조사에 집착하는 가쇄枷鎖가 되기 때문이다.

그리고 임제가 말한 것처럼 소리와 명구名句가 모두 의변衣變이라고 했듯이 그의 삼전어三轉語의 법어에서 임제보다 먼저 밝은 안목을 보이고 있다.

금부처는 용광로를 건너지 못하고 목불木佛은 불을 건너지 못하고 토불土佛은 물을 건너지 못한다.

참 부처는 자기 안에 앉아 있다. 보리菩提 · 열반涅槃 · 진여眞如 · 불성佛性은 모두가 몸에 입은 옷이니 역시 번뇌의 또 하나의 이름이다.

다만 이 이치를 참구하고 궁구하여 20~30년 앉아 있어도 깨닫지 못하면 내 머리를 잘라 가라.

그는 이어서 다음과 같은 새로운 인식의 세계를 보이고 있다.

천인만인이 모두 부처를 구하는데 진정한 도인은 하나도 없다…. 세계가 있기 전에 자성自性이 있었다. 세계가 무너지고 파괴되어도 자성自性은 파괴되지 않을 것이다. 이제 그대들이 늙은 중을 보았으니 지금부터 그대들은 딴 사람이 아니라 바로 그대들 자신의 주인공主人公이다. 밖에서 또 다른 이를 찾을 필요가 어디에 있겠는가?

중생 그대로 부처임을 강조한 설법이다. 그리고 다음의 일구一句는 우리를 또 한 번 충격 속으로 몰아넣는다. 부처가 부처를 찾고 있는 어리석음에 쇠뭉치 한 대를 때리고 있는 것 같다.

"내가 듣기 싫어하는 것이 하나 있는데 그것은 부처라는 말이다." 佛之一字吾不喜聞

그는 인간의 육체 속에 부처가 가부좌를 틀고 앉아 있음을 밝히고 몸 안에 존재하는 부처를 깨달음을 통해 증득할 수 있음을 주장하고 있다

그래서 그는 20년 혹은 30년 동안 정진을 하여 그 이치를 깨닫지 못하면 자신의 목을 베어 가라고 서슴없이 말하고 있다.

조주의 생애를 우리가 눈여겨볼 부분은 그가 어린 나이로

출가하여 스승 남전 선사 밑에서 40년 동안 수학한 것이다.
한 스승 밑에서 40년 동안 머물러 있었다는 것은 인내 없이
는 가능하지 않다. 그는 누구보다 엄청난 인내력을 지닌 수행
자였고 정진을 통해 내증內證된 삶이 성숙되도록 기다릴 줄
아는 수행인이었다.

그리고 60이 넘어서 만행萬行을 시작한 부분을 주목할 필
요가 있다. 만행은 중생의 여러 가지 삶을 체험하는 일인 동
시에 고통을 몸 안에 담는 일이기도 하다. 그리고 만행은 편
력遍歷이다. 편력은 선재동자가 53명의 선지식을 찾아가는
과정과 동일하다고 볼 수 있다. 눈 밝은 선지식은 산에만 있
는 것도 아니고 절에만 있는 것도 아니다.

따지고 보면 다양한 삶이 모여 화엄華嚴을 이룬다.
한 업종에 일생동안 매진하다 보면 달관의 경지에 이르고
뛰어난 안목을 갖게 된다.
그러니까 조주는 안으로 내증內證된 삶을 가슴속에 묵혀두
지 않고 편력을 통해 생활화를 실험한 것이다.
그리고 생활 속에서의 깨달음이 인격으로 이어지도록 노
력했다고 볼 수 있다.

바른말은 쇠망치

또 하나 정진하는 사람들이 귀담아 들어야 할 그의 법어는 가부좌를 틀고 앉아 20년에서 30년에 이르기까지 깨치지 못하면 자기 목을 잘라 가라는 부분이다.

부처를 만날 수 있는 곳은 다른 곳이 아니라 자기 마음이며 정진과 응시가 깊어지면 부처와 가까워짐을 그는 분명히 밝히고 있다.

조주의 다음 대화는 높은 지위에 있거나 권력을 쥐고 있는 사람들이 들어야 할 법어이다.

어느 날 운수 한 사람이 찾아와 대뜸 "무엇이 충언忠言입니까?" 하고 물었다.

"그대의 어미는 못 생기고 추하다."

고언苦言이나 충언일수록 귀에 듣기 좋은 말은 아니다. 특히 바른말은 권력자를 분노케 만들기도 한다. 그러나 듣기 싫은 말을 듣는 경청의 지혜가 있어야 지혜는 깊어지고 헤아림은 넓어진다.

운수는 다시 한 번 충언忠言이 무엇이냐고 따지듯 물었다.

조주는 "쇠망치를 맞아라喫鐵鎚."

바른말이나 충성스런 말은 쇠망치로 맞는 것 같아 아프고 충격적이다.

정권이 바뀔 때마다 느끼는 일이지만 고언을 듣고 바른말을 하는 참모들을 곁에 둔 지도자를 많이 보지 못했다. 오히려 바른말을 하거나 고언을 서슴지 않는 참모들을 멀리하는 모습만 많이 보아왔다.

쇠망치로 얻어맞아야 정신이 번쩍 들고 미망에서 벗어날 수 있음을 조주는 가르치고 있다.

그는 백 스무 살이 넘어 거동이 불편함을 조금씩 느꼈다. 그리고 순간순간 육신이 무너지고 있음을 깨달았다.

스스로도 너무 오래 산 것 같았다.

제자들도 조주의 광활한 정신적 깊이를 헤아리는 이가 없었다.

한없이 부드러우면서도 따뜻하고 순간순간 날카로운 선지와 기지를 드러내는 그의 내면에는 우리가 눈치챌 수 없는 위엄이 깔려 있었다.

그리고 무어라고 형언할 수 없는 거룩한 미덕도 지니고 있었고 서슬 푸른 직관은 임종에 이르러서도 변하지 않았다. 그는 곧 입적할 시기가 되었음을 제자들에게 알리고 다음과 같이 유언하였다.

"내가 죽거든 화장하여 흩어버릴 것이지, 사리 같은 것은 수습하지 말라."

선가禪家의 제자라면 세속 사람과 같지 않아야 한다.

이 육신이란 허깨비에 지나지 않는다. 사리를 수습한들 부질없는 일이다.

그는 앉은 자세로 입적하였다. 좌탈坐脫이었다. 육신을 헌 옷 벗듯이 씻어 버리고 조주 시대를 마감하였다.

그는 중국 선종사에서 누구보다 많은 화두를 남겼고 그 화두는 오늘날 우리 선문禪門의 수많은 수행자들이 다투어 참구하고 있다.

무자無字 화두 한마디로 천하인의 눈을 열게도 하였고 눈을 멀게도 하였다. 그리고 차 한 잔으로 천하인의 마음을 평정케 하였고, 얼굴을 돌리고 마는 사람을 부처로 파악하는 새로운 깨달음의 인식을 보인 분이다.

삶을 배우듯이 죽음을 미리 배워야

사유가 깊어지고 응시의 시간이 조금씩 늘어나자 마음속에 자리 잡고 있던 헐떡거림도 조금씩 사라지고 부질없이 추구하던 갈망도 소멸되어 감을 느낄 수 있었다. 내 안에서 조금씩 눈이 열리고 있는 것이었다.

서두른 것도 느슨해지고 기다리며 관조하는 즐거움이 일어나고 있었다.

그동안 분망하게 움직였으나 안으로 얻어지는 소득은 없었고 남의 시선도 염두에 두지 않은 채 눈앞에 있는 이익만 탐하던 내 모습도 보이기 시작했다. 그것은 나를 변화시키는 작은 깨달음이었고 그동안 안주해 있던 곳에서 탈출하는 전기였다.

자기 안에 갇혀 있으면 누구나 타성에 빠지기 쉽고 퇴행될 수밖에 없다.

자신이 지니고 있는 틀을 깨야만 눈앞에 있는 사물을 새롭게 볼 수 있고 자신을 다시 한 번 일깨울 수 있다.

그동안 숱한 시련과 고통이 있었지만 그것이 내 자신을 다듬어 깨달음으로 이어지지 않았고 안으로 자각을 일으키는 내증內證으로 이어지지 않았다.

겨우 60을 훨씬 넘기고부터 내려놓아야 된다는 것을 진실로 깨닫기 시작했고 버리고 비워야 자유스러워진다는 것을 체험하였다.

　그리고 눈앞에 있는 일초일목一草一木이 소중한 존재란 것을 알게 되었다.

　안으로 눈을 돌리고부터, 내 주위에 있는 이름 없는 꽃들을 그동안 건성으로 보았는데 겨우 눈에 잡히기 시작했고 길을 가다가 눈길 한 번 주지 않던 꽃들도 보이기 시작했다. 내 자신이 부끄러웠다. 왜냐하면 아름다운 것을 말하면서도 내 곁에 있는 아름다운 꽃들을 보는 시선을 갖지 못한 것이 참으로 부끄러웠다.

　이때부터 그동안 익숙했던 버릇을 고치고 모든 것을 멀리서 구하는 습관을 고쳐야겠다고 생각을 하였다.

　그동안 잡다한 일에 이끌려 가까이 아름다움을 보는 시력을 잃어버린 것이다. 60년 동안 지니고 있던 틀을 깨고 갇힌 곳에서 벗어나니 서두를 것이 하나도 없었다. 오히려 세월이 얼마 남아 있지 않고 마무리를 준비해야겠다는 생각이 엄습하였다.

　비록 남들처럼 큰 회상會上을 꾸리지는 못했으나 먹고 자는 데 불편하지 않는 토굴을 지어 살고 있고, 지닌 것은 넉넉하지는 못하나 옛날처럼 초근목과草根木果로 목숨을 유지하는 것도 아니었다.

오히려 내가 거처하고 있는 자연을 살펴보면 신선놀음에 가까울 지경이다.

뜰 앞에 서면 눈길이 확 트여서 푸른 바다가 눈에 잡히고 옆에는 깊은 계곡과 맑은 물이 쉴 새 없이 흐르고 있다. 이만 하면 청복淸福을 누리고 있는 셈이다. 여기에다 구하고 탐하는 것이 겹쳐지면 그야말로 그것은 탐욕이다.

황벽 선사가 말하지 않았던가.

"버리고 여의는 것이 진리요, 버릴 줄 아는 사람이 부처라고" 말이다.

다만 아쉬운 것은 육십이 넘어 그동안 갇혀 있던 틀에서 벗어났으니 새롭게 자기를 형성하는 일만 남아 있을 뿐이었다.

내 안에 있는 깨달음을 키우기 위해서는 또 한 번 자신을 백척간두로 몰고 가는 용기와 신념이 필요했다. 그러기 위해서는 나를 둘러싸고 있는 인연의 얽매임에서 벗어나야 하고 집착을 버려야 한다.

자유는 온갖 모순과 갈등의 집에서 미련 없이 털고 일어설 때만이 이루어진다. 머물러 있고 정체되어 있으면 집착의 고뇌에서 벗어날 수 없다.

거듭 태어나기 위해서는 정신이 향상 되어야 하고 새롭게 형성되는 변화가 있어야 한다. 그리고 안주해 있는 현실에서 털고 일어나 자신을 새롭게 길들여야 한다. 그러기 위해서는 쉽지는 않지만 하나씩 놓아 버리고 자신을 비워서 새롭게 출발해야 한다.

일상의 타성에 젖어 빠져 버리면 누구나 나태해지기 마련이다. 중독이 되다시피 한 타성적인 생활습관을 고쳐야 자신을 향상시킬 수 있고 변화시킬 수 있다.

비워야 안에서 울림이 일어날 수 있다. 비우지 않고는 오묘한 자기 존재는 드러나지 않는다.

그러나 비우고 내려놓는 일이 그리 쉬운 일이 아니다. 새로운 고통과 좌절과 시련을 만나야 인간은 누구나 자신을 다시 되돌아보고 성찰의 시간을 갖는 습성을 가지고 있다. 그러니까 엄혹한 시련 없이는 진정한 가치는 획득되지 않는다.

내적 개안을 얻고 깨달음을 얻은 선사들을 보면 특별한 기연과 경험을 가지고 있다.

달마의 제자 혜가慧可 스님은 깨달음을 얻기 위해 자기를 버리는 결의를 내보였다. 찬바람이 불고 눈이 내린 겨울밤을 지내는 인내를 가져야 했다. 눈이 쌓여 움직일 수 없었다. 참고 기다렸지만 달마의 마음은 움직이지 않았다. 그는 팔 한쪽을 잘라 바치는 용기를 보이므로 달마의 제자가 되었고 깨달음을 얻을 수 있었다.

훗날 서산西山의 제자 청매靑梅는 그 당시 모습을 떠올리면서 다음과 같이 묘사하고 있다.

서릿발 같은 칼날 휘둘러 봄바람 자르듯 베어냄에,
흰 눈 쌓인 빈 뜰에 붉은 잎이 지고 있네.
一揮霜刀漸春風　雪滿空廷落葉紅

그는 팔 한쪽을 잘라내는 모습을 봄바람 베어냄과 같다고 표현하고 있다. 그리고 팔을 자르고 난 후 낭자한 피와 떨어지는 핏방울을 흰 눈이 가득한 빈 뜰에 붉은 낙엽이 떨어지는 것 같다고 감성적이고 서정적으로 묘사하고 있다.

누구나 살다보면 극복할 상황을 맞이할 때가 있다.
몸속에 있는 암 덩어리를 잘라내고 병석에만 누워 있지 않고 등산을 통해 극복하는 사람도 있고, 수술을 한 후 가난 때문에 쉬지 못하고 일을 하다가 수술한 부분이 터지는 아픔과 진통을 견디는 사람도 있다.
인간의 정신은 한계를 극복할 수 있는 인내를 지니고 있다. 다만 그것을 실행해 옮기지 못하고 지배당하는 경우가 많다. 그러나 견딜 수 없는 아픔과 좌절과 역경을 견디어야 자기 안에서 숭고한 정신은 이루어진다.

우리에게 잘 알려진 화가畵家 장욱진은 부인이 아침마다 새벽에 일어나 가부좌를 틀고 앉아 참선하는 모습을 잊지 못해 그것을 화폭에 담았다. 덕소에 있는 화실에서 7일 동안 밥 한 숟갈 물 모금 입에 안 대고 날밤을 세워 그리고 지우고 긁고 바르고 해서 제작한 그림이 '진진묘眞眞妙'란 작품이다.

그러니까 7일 동안 먹지 않고 자지 않고 용맹정진을 통해 태어난 작품이 진진묘眞眞妙이다. 7일 만에 작은 불상 같은 그림을 하나 그려 갖고 와서는 부인 진진묘 보살에게 "자 옛소." 하고 던져준 뒤 그는 석 달 동안을 내리 앓았다고 한다.

작품 하나를 탄생시키기 위해 그는 7일 동안 혼과 마음, 그리고 육신을 집중시켜 불사른 것이다. 그래서 석 달 동안 앓아누웠던 것이다.

선종禪宗에서 가장 위대한 조사祖師라고 칭송하고 있는 혜능도 처음에는 오랑캐라는 신분 비하의 천대를 받기도 하였고, 출가해서는 방앗간에서 어깨가 내려앉고 무릎이 부서지는 고통을 참으면서 8개월 동안 방아를 찧은 후에 깨달음을 얻을 수 있었다.

설봉雪峰 선사의 제자인 장경혜능長慶彗稜은 '절구통 수좌'란 별명을 갖고 있는 수행인이다. 그의 정진과 인내와 끈기가 얼마나 대단했는지 설봉의 슬하에서 15년을 지내면서 좌복을 일곱 개나 없앤 분이다.

한 개의 좌복이 닳고 닳아서 버릴 때까지의 시간이 얼마나 걸리는지 헤아려 보지 못해 알 수 없으나 그는 한 번 가부좌를 틀고 앉으면 자리에서 일어나지 않고 며칠 동안 계속 정진을 했다고 한다. 이런 피나는 정진을 거친 끝에 눈 밝은 선지식으로 태어날 수 있었다.

벌써 입적하여 고인故人이 되었지만 우리에게 잘 알려진 일타日陀 스님은 신령스런 지혜를 얻기 위해 오대산 보궁에서 기도를 하다가 네 손가락을 촛불로 태우는 연비공양을 하여 주위 사람들을 충격으로 몰아넣은 일이 있다.

촛불로 손가락을 태우는 것을 상상해보라. 고통을 참는 인간의 인내는 사람에 따라 다를 수 있지만 한계를 뛰어넘는 초인적 힘이 없이는 불가능한 일이다.

상상만 해도 소름이 끼치고 몸에서 전율이 일어난다. 그것도 한 손가락만 태운 것이 아니라 네 손가락을 태우는 초인적 모습을 내보였으니 선사禪師의 인내 앞에 저절로 고개가 숙여진다. 연비를 하는 동안 사리舍利가 나왔다는 신비한 전설이 전해지고 있다.

연비를 하고 난 후 선사는 참으로 온화해졌고 화내는 모습을 보지 못했을 뿐 아니라 얼굴에는 항상 자비가 넘쳤다고 했다. 만신자비滿身慈悲의 경지를 이룬 것이다. 연비를 하면서 인간이 지니고 있는 욕망을 불살라 버린 것이다.

연비를 한 후 진통은 오랫동안 계속되었지만 아픔이 사라지고 난 후 찾아온 마음의 평화와 안락安樂은 입적할 때까지 변하지 않고 계속되었다.

수행을 하면서 정진이 계속되지 않고 나태해지거나 어려운 일을 만났을 때 마음속에서 떠올리는 몇 분의 수행인이 있다. 그분들을 떠올리면 흔들리는 마음도 제자리로 돌아오고 자신도 모르게 그분들의 살았던 고행과 성취한 깨달음에 기대면 정신이 맑아진다.

부질없는 명예와 허욕이 일어날 때는, 조주趙州 선사의 버리고 구하지 않고 일생을 산 가풍家風을 상기하면 저절로 머리가 숙여지고 부끄러움이 일어나 일시나마 잘못된 생각에 경도된 자신을 바로잡기도 하고, 부처와 조사祖師에 집착해 있을 때는 임제臨濟의 살불살조殺佛殺祖를 떠올리면서 얽매임에서 벗어나려고 한다.

기다림으로 이룬 대기만성

그 다음으로 존경하고 흠모한 분이 설봉의존雪峰義存 822
~908 선사이다.

설봉 선사가 산 삶은 오늘날 수행인이 본받아야 할 부분이
너무 많다. 삶의 표본 같은 인물이 설봉이고 그가 살아간 모
습에서 많은 교훈을 얻어야 한다.

중국 선종사에 등장한 인물 가운데 설봉雪峰 선사만큼 성실
하고 정진에 몰두한 선사는 없을 것이다.

그는 조주趙州 선사처럼 천안돈개天眼頓開한 안목도 지니지
않았고 천재적 재능도 없었다. 또 마조馬祖와 같은 산과 바다
를 누르는 대방무외大方無外한 선지禪旨도 없었고 백장百丈과
황벽黃檗처럼 날카로운 기봉機峰도 없었다. 오직 근면과 성실
함이 있었고 우둔할 만큼 끈기와 참고 기다리는 미덕을 지니
고 있었다.

그는 동진 출가한 후 열일곱 살이 되어 구족계를 받고 경
현慶玄 율사와 홍조弘照의 가르침을 받은 후 정진만 계속하였
다. 서두르지 않고 황소처럼 뚜벅뚜벅 한 걸음 한 걸음 옮기
면서 대기만성大器晚成에 이른 수행인이다.

일찍이 홍조弘照 선사는 어린 설봉을 보고 머리를 쓰다듬으

면서 대근기라고 칭찬한 일을 잊지 않았다.

절을 옮겨 다닐 때마다 걸망 속에 항상 밥주걱과 국자를 넣고 다니면서 스스로 공양주와 채공을 자청하여 대중들에게 공양을 올리고 시봉하는 일을 몸소 실천하였다.

남에게는 헌신하고 자신은 음덕陰德을 쌓은 것이다. 밥을 짓기 위해 어떤 날은 물통에 물을 지고 오다가 넘어져 무릎이 깨지고 나무를 지고 오다가 허리를 다쳐 사지四肢가 마비되는 일도 있었지만 밥 짓고 국 끓이는 일을 소홀히 하지 않았다.

깨달음을 얻기 위해 흠산欽山 스님과 함께 동산東山 스님에게 아홉 번이나 찾아가서 참문하였고 투자投子 스님에게는 세 번이나 가서 참문하였다. 때로는 도반들에게 둔하다는 질책을 받기도 하고 투철한 탐구 앞에 선배들이 감탄을 하기도 하였다.

설봉의 밥주걱과 국자는 자기를 낮추는 도구였고 음덕을 쌓는 길잡이였다.

그는 어려운 난관을 오직 하심下心으로 극복하였다.

훗날 스승이 된 덕산德山을 찾아가 법을 묻다가 한 방망이를 맞고 깨친 바 있었지만 투철하지 못함을 스스로 깨닫고 있었다.

그리고 사형師兄이 되는 암두巖頭, 828~887 선사가 꾸짖는 데서 안으로 눈이 활짝 열리는 개안을 얻을 수 있었다.

출가하고부터 40년 동안 하루도 쉬지 않았다. 정진하지 않으면 밥 짓고 국 끓이는 헌신으로 대중을 넉넉히 공양하였고 항상 자기를 풀잎처럼 낮추어 자기를 드러내지 않은 음덕陰德이 훗날 그를 큰 그릇으로 만들었다.

사십이 넘어 상골산象骨山, 훗날의 설봉산으로 들어가 터를 닦고 회상會上을 꾸리는 불사를 시작하자, 평소 설봉의 지혜와 덕을 들은 시은施恩들이 다투어 모여 들어 대가람을 이룩하는데 오랜 시일이 걸리지 않았다. 지난날 쌓은 음덕은 불사를 하면서 시은施恩으로 응답되었다.

그렇다고 설봉이 미리 계산을 하고 헌신한 것은 아니었다. 아무 말 없이 소처럼 뚜벅뚜벅 한 걸음 한 걸음으로 이룩한 대기大器였다.

그는 풀 한 포기라도 함부로 대하지 않았고 한 사람 한 사람을 하심下心으로 지극히 존경하고 사랑했다. 그 마음과 덕이 얼마나 깊었는지 설봉산을 개산하고 회상會上을 꾸렸을 때 그의 슬하에는 훗날 중국 선종을 이끌어 갈 눈 밝은 종장宗匠들이 여럿 배출되었다.

대표적으로 운문雲門, 현사玄沙, 보복保福, 장경長慶 등 40여 명이 넘는 제자들이 있었고 회상會上에는 1500여 명의 대중들이 있었다. 그의 선적禪的 감화가 얼마나 위대했는가를 짐작할 수 있다. 수행인으로 갖추어야 할 덕과 지혜가 있었고 대중들이 본받아야 할 행리行履가 있었다.

베풂의 가치를 깨닫게 한
눈 밝은 선지식

오늘날 수행인이 눈여겨볼 부분은 그의 성실하고 근면한 정신과 서두르지 않고 둔한 사람이라고 지적 받으면서 느긋하게 참고 기다리는 끈기는 배울 점이다.

그리고 지도자의 덕목을 갖추고 싶은 사람은 설봉雪峰이 지닌 하심下心과 남이 하기 싫어하는 부분을 찾아 스스로 선택하여 밥주걱과 국자를 지니고 다니면서 오랫동안 대중들에게 헌신한 부분을 눈여겨보아야 할 것이다.

그의 덕화德化의 그늘이 얼마나 훈훈하고 넓었는지 항상 1500여 명의 대중이 운집해 있었다는 점도 깊이 새겨 두어야 할 부분이고 배워야 할 덕목이다. 사람에게 감동을 주고 감화를 주는 것은 뛰어난 재능만 가지고는 되지 않는다. 베푸는 덕이 있어야 사람이 따른다.

그의 밑에서 배출된 제자들은 모두 스승을 뛰어넘는 선지禪旨를 갖고 있었고 눈 밝은 안목도 지니고 있었다.

이러한 지혜와 덕을 갖춘 설봉雪峰이 거칠기로 유명하고 야성적이라고 부를 만큼 소문난 덕산德山 선사의 제자가 되었다는 것은 또 한 번 우리를 놀라게 한다.

덕산은 중국 선승사에서 봉棒으로 이름을 떨친 분이다. 할喝은 임제 선사의 전유물이고 봉棒은 덕산에게 비롯되었다고 할 만큼 잘 알려진 사실이다. 특히 덕산은 때로는 부처와 조사를 꾸짖고 참문하는 선객에게 방망이 세례를 퍼부어 눈을 열게 한 선사이다. 그리고 악담惡談으로는 운문만큼 험담을 서슴지 않은 수행인도 없었다.

"내 앞에서 세존이 나타나 '천상천하 유아독존'을 외친다면 한 몽둥이로 후려쳐서 주린 개에게 주겠다."고 듣기 거북한 험담을 한 운문雲門을 제자로 삼기도 하였다.

설봉과 운문의 만남에는 다음과 같은 재미있는 일화가 있다.

임제를 단련시킨 목주 선사에게 혹독한 시련을 겪고 발가락을 다친 운문은 설봉 선사가 머물고 있는 마을 밑에 이르러 만행을 즐기는 운수雲水를 만났다.

절로 올라간다는 말을 듣고 설봉 방장이 법문을 하기 위해 법상에 오르거든 그의 앞에 다가가서 다음과 같이 물어보라고 부탁했다. 그리고 내가 전한 말이라 하지 말고 스스로 묻는 것처럼 하라고 당부하였다.

"불쌍한 노인이시여, 어찌하여 목에 걸린 칼을 벗지 않으시오?"

운수는 운문이 시킨 대로 하였다. 그러나 설봉 선사는 그

말이 운수의 말이 아님을 눈치 채었다. 속지 않은 것이다.

　설봉은 법상에서 내려와 운수의 멱살을 잡고 다그쳤다.

　"누가 시킨 거야. 말해 봐!"

　운수가 겁을 먹고 입을 열지 않자 그를 밀쳐 버리면서, "지금 한 말은 너의 것이 아니다."

　운수는 자기 말이라고 완강하게 주장하였지만 설봉은 거짓말을 하고 있다는 것을 직감하고 시자들에게 밧줄과 몽둥이를 가져오라고 소리쳤다.

　그때야 운수는 기겁을 하고 더 이상 설봉을 속일 수 없음을 알고 실토하였다.

　"사실은 저의 말이 아닙니다. 그렇게 말하라고 가르쳐 준 사람은 절 밑 마을에서 만난 절강折江에서 온 어떤 스님입니다."

　설봉은 운수의 말을 듣고 대중에게 일렀다.

　"그대들은 모두 마을로 내려가서 장차 많은 사람들의 정신적 지도자가 될 눈 밝은 선지식을 맞아 예를 표하고 이리로 모셔오도록 하라."

　설봉과 운문은 이러한 기연을 거친 후 스승과 제자가 되었다.

　운문은 덕과 지혜를 갖춘 설봉을 흠모했고 설봉은 비록 거칠고 야성적인 데가 있었지만 기봉機鋒을 갖춘 제자를 기다리고 있었다. 그리고 설봉은 훗날 운문종의 지도자가 될 기량을 갖춘 법기임을 간파하고 있었다.

설봉은 제자 한 사람 한 사람을 인격과 근기에 따라 제접하였다. 비록 제자라도 법도와 예의를 잃는 경우가 없었고 따뜻한 가슴으로 대했다. 그래서 그의 슬하에는 수많은 인재들이 모여들었다. 지난날 쌓은 음덕 가운데 인복人福까지 지은 것이다.

설봉의 근면함은 늙어서도 계속되었다.

방장실에 앉아 있지 않고 몸이 불편해도 쉬지 않고 일을 했고 미질이 일어도 약을 거부했다. 스스로 자신이 이승에 머물 시간이 얼마 남아 있지 않음을 예견하고 있었다.

시자들이 의사를 부르려고 하면 손짓을 하면서 중지시켰다.

"내가 병이 난 것이 아니다. 누구나 떠날 때가 되면 육신에 이런 신호가 오게 마련이다."

그는 스스로 몸속에서 일고 있는 적멸을 깨닫고 있었다.

그래서 서두르지 않고 기다리고 있었다.

입적을 맞이한 당일에도 그는 아침에 밭에 나아가 일을 하다가 저녁 늦게 돌아와 목욕을 하고, 시종이 없고 생멸이 없는 삼매에 들어 가부좌를 틀고 앉아 입적하였다.

제 몸에서 아름다움을 풀어내는 계절

입춘立春이 지나고부터 세찬 바람이 산과 들에 묻혀 있는 잿빛을 걷어내고 있다.

햇볕이 오래 머무는 곳에는 봄기운이 움직이고 있고 새싹이 염치도 없이 얼굴을 내밀고 있다.

하루가 다르게 생명이 꿈틀거리고 있음을 느낄 수 있고 양지 바른 곳에는 아지랑이가 눈에 잡히고 있다. 잎이 떨어진 메마른 가지에는 새들이 잠깐 앉았다가 가는 모습도 보이고 얼어붙었던 계곡에도 물소리가 들린다.

잠들어 있던 생명이 깨어나고 있는 것이다. 생명이 아니고는 잿빛으로 얼룩진 산천山川을 깨워서 일으킬 수 없다.

지난밤 봄비가 내리고부터는 눈보라와 칼바람으로 견디어 온 숲들이 깨어나고 있다. 잠에서 깨어난 것처럼 눈을 부비고 기지개를 켜고 있다. 머지않아 속들을 열어젖히고 가지마다 새 움을 틔우고 연두빛 물감을 풀어내어 신록의 문을 열 것 같다.

비가 내린 후부터는 산과 들은 제 몸에 불을 당기듯 곳곳에서 새 움을 틔우고 나뭇가지마다 여리고 투명한 잎들이 피어나고 있다.

가슴속에 간직했던 그리움들이 꽃으로 피어나고 있었다.

제 몸에서 초록빛 물감을 풀어내어 사방에 신록의 문을 열고 있다.

지금 산과 들은 꽃밭이며 연두빛 물결이 넘치는 생명의 계절이다.

그 생명의 신비와 약동이 눈앞에서 일어나고 있다.

생명이 아니고서는 아름다움을 만들 수 없다.

젊은 날 관응觀應, 2004년 입적 큰스님께서 화엄경 강의를 하면서 우주는 커다란 생명체라 하셨던 이야기가 실감이 났다. 법성法性은 생명의 본질이다. 껍데기가 소멸할 뿐 그 바탕은 불변하고 우주에 충만해 있다는 말씀이 기억 속에서 되살아났다.

그래서 나무에서 핀 꽃들이 피어났다가 낙하하고 사라질 뿐 봄이면 다시 피는 것이다. 생명의 바탕이 있기 때문에 피고 지는 것을 되풀이할 뿐이다.

봄은 멀리서 오는 것이 아니었다.

봄기운이 꿈틀거리고부터 몸과 마음이 들뜨기 시작했고 뼈마디가 아리기 시작했다. 그동안 남쪽 따뜻한 곳에서 봄이 시작된다고 생각했다. 몸과 마음에서 봄이 시작되는 것을 모르고 있었다.

그리고 봄을 즐기는 방법도 모르고 있었다.

젊은 날에는 꽃이 무더기로 피는 곳을 찾기도 했고 개나리 꽃이 노랗게 물든 꽃길을 걷기도 했다.

아침마다 산책을 하면서 외롭게 피어있는 꽃을 외면해 버린 것이다. 무더기로 피어있는 꽃만이 아름답다는 생각에 사로잡혀 있었던 것이다.

내 주위에 피어 있는 꽃에게는 눈길 한 번 주지 않고 건성으로 지내 버린 것이다.

이제 나이가 들어 내 곁에 피어 있는 꽃들을 보는 시선이 생겨났다.

처음으로 시선을 내 곁으로 거두어들이고 가까이 아름다움을 볼 수 있는 안목이 생긴 것이다.

그리고 깨달은 것은 내 곁에 있는 나무와 꽃들이 스스로의 노동을 통해서 자라고 꽃으로 피어난다는 것이었다. 잎이 돋고 꽃으로 피기까지는 그 나름으로 고통과 아픔이 있다는 것을 깨달을 수 있었다.

아름다움을 이루기 위해서는 그만큼 고통이 수반되고 그 바탕에는 인생처럼 시련이 담겨 있음을 알 수 있었다.

그러니까 저절로 이루어지는 것은 하나도 없었다. 때로는 바람에 할퀴고 부러지기도 하며 상처받은 자국이 세월을 견디어 아물고 있음도 발견할 수 있었다.

성숙해지려면 안으로 수많은 고통과 어려움을 견디어 내야 한다.

그래서 어떤 시인詩人은 "상처 없는 자 꽃 피울 수 없고 꽃을 피우지 못하면 열매도 얻을 수 없다."고 했으리라.

인간도 마찬가지이다.

젊은 날 체험하는 고통은 인생의 자본이 될 수 있다. 젊었을 때 체험하고 감내하는 고통은 참고 기다릴 만한 가치를 지니고 있음을 알아야 한다.

그러나 인간은 오랜 세월 수많은 시련과 고통을 경험하고도 자기를 꽃처럼 피워내지 못한다. 산다는 것은 깨닫는 것. 새로이 태어나는 일이고 거듭거듭 새롭게 형성되는 일이다.

누구나 사유하지 않고 고통을 거치지 않고는 안으로 눈이 열리지 않는다.

수행자修行者의 개안開眼도 오랜 정진과 사유와 내면을 성찰하는 화두話頭 없이는 열리지 않는다. 그리고 백척간두에서 투신하는 용기와 신념 없이는 이루어지지 않는다.

수행자가 자연 속에 살면서 자기 안에 갇히고 타성에 빠지면, 바람과 물소리가 들려주는 무정無情 설법을 듣지 못하고 꽃과 새들의 일기一機 일경一境의 언어言語를 알지 못한다.

중국 선종에서 법안종法眼宗을 창종한 법안法眼, 885~958 선사는 어느 날 법상에 올라 법문은 하지 않고 침묵하고 있다가, 창 밖 뜰에서 제비들이 지저귀는 소리를 듣고 "저들이 참으로 심오한 설법을 하고 있구나." 독백을 한 후 법상에서 내려온 일이 있다.

소동파가 시냇물 소리를 듣고 이것이야말로 부처님의 설법이고 산색山色 그대로가 법신이라고 설파한 내용을 다시 음미해 보아야 할 것이다.

꽃이 피는 모습을 자세히 관찰해 보라. 생명이 아니고서는 저렇게 아름다움을 쏟아 낼 수 없다는 것을 알 것이다.

꽃이 피는 순간 아름다운 내면을 볼 뿐 아니라 생명의 본분本分이 열린 것이다.

나는 그동안 우리 주위에 이름이 널리 알려져 있는 수행자들에게서 꽃처럼 아름다운 내면을 내보이는 분들을 보지 못했다.

바람과 물소리와 새들이 들려주는 무정無情 설법을 듣기 위해서는 자기를 허공처럼 비우고 있어야 한다.

마음속에 독선과 아집이 남아있고 자기 주장으로 만들어 낸 고집에 갇혀 있으면 산색山色이 법신임을 알 수 없고 꽃들이 내보인 일기일경一機一境이나 본분을 깨달을 수 없다.

임제록臨濟錄은 무정설법을 들을 수 있는 길을 열어주고 있다.

사람들이 갖고 있는 귀로 소리를 들으면 음색音色과 내용에
집착된다는 것을 깨워주고 있다.

'진청眞聽은 무이無耳'라고 임제는 설파하고 있다.

진실로 듣기 위해서, 본질에서 우러나오는 소리를 들으려
면 귀가 없어야 한다고 말씀하시고 있다.

텅 빈 마음으로 들으라는 말씀이다. 텅 비울 때 새로운 눈
이 열리고 밝은 귀가 트인다.

얽매임이 없는 자유

요즈음은 아름다움을 만드는 집들이 도시 곳곳에 있다고 한다.

자기 얼굴에 알맞게 머리를 만져주는 헤어샵도 있고 체형에 맞게 옷과 색깔을 골라 멋을 내게 하는 전문 코디들도 있다 한다. 그뿐 아니다. 특히 여자의 경우는 몸에 걸치는 옷값이 소시민들은 엄두도 낼 수 없을 만큼 몇 천만짜리도 있다 한다.

아무리 고급스런 옷을 몸에 걸친다 해도 봄에 핀 꽃처럼 아름답게 차려 입은 사람들을 보지 못했다.

수행인도 마찬가지이다. 인간의 내면을 살피는 성찰도 없고 서슬 푸른 직관이나 안목도 없이 종단이 만든 높은 자리에 앉아 거들먹거리는 수행인들을 보면 역겨울 때가 한두 번이 아니었다. 거기다가 고급스런 옷감으로 차려 입은 장삼이나 법의法衣에 수행의 무게가 느껴지지 않았다.

비록 다 떨어진 누더기를 걸쳤더라도 그 속에 감춰져 있는 지혜의 빛이 베어 나오는 모습을 보면 저절로 고개가 숙여 질 때가 있다.

수행인은 오랜 세월동안 갈고 닦은 지혜로 자기 개성에

알맞게 선지禪旨를 드러낼 때 독특한 가풍을 드러낸다.

　특히 선종禪宗의 황금시대라고 부르는 마조馬祖 스님과 백장百丈, 황벽黃蘗과 임제臨濟 시대에는 선적禪的 창조 정신이 넘쳐났고 그 교수 방법 역시 혁신적이고 우리의 상상력을 뛰어넘는 경우가 많다.

　특히, 황벽과 임제 그리고 운문雲門과 조주趙州 선사에 이르러서는 서슬 푸른 직관과 사람의 가슴에 비수를 찌르는 듯한 날카로운 선기禪機와 산과 바다를 누르는 선지禪旨 앞에 압도당해 버리기도 한다.

　이분들의 법어를 읽으면 우리를 그동안 갇혀 있게 한 완고한 인식을 깨트리는 천둥과 같은 울림도 있고, 버리지 못하고 있던 세속적인 구속과 억압들이 풀려 감을 느끼기도 한다.

　특히 조주 선사趙州禪師와 임제臨濟 스님의 어록을 읽으면서 받은 감동과 깨달음은 지금도 잊혀 지지 않고 가슴에 남아있다.

　솔직히 말해 그 느낌은 천둥 같은 울림이었고 벼락이 머리 위로 쏟아지는 아픔이 있고 통증을 멈추게 하는 시원함이었다.

　조주 선사는 열세 살 때 남전 선사를 친견하면서 눈앞에 살아있는 부처가 졸고 있다고 놀라운 선적禪的 예지를 드러내었다.

살아있는 부처란 조주의 발언에 남전 선사는 충격을 받았다. 그에게는 범성凡聖을 분별치 않는 돈오적 안목이 있었다. 이 얼마나 충격적이고 놀라운 발언인가. 마음이 부처라고 한 것도 아니고 당신이 부처라고 상식적이고 진부하게 답변하지 않았다.

우리가 지니고 있는 상투적이고 진부한 지식을 한 순간 부숴 버리고 깨트려 버린 천둥 같은 울림을 지닌 서슬 푸른 언어가 아닌가.

조주의 이 한마디에 수행을 통해 얻고자 한 것, 깨달음을 통해 드러내고자 하는 것이 다 갖추어 있지 않은가?

나는 그동안 우리 주위에 계셨던 선지식들을 친견했지만 이렇게 칼날 같은 선기禪機와 기봉機峰을 갖춘 선사들의 법어는 듣지 못했다. 대부분 중국 선사들의 어록語錄과 일화를 인용하는 범위에서 벗어나지 못했다.

눈앞에 졸고 있는 선지식을 향해 졸고 있는 여래如來라고 표현한 조주 선사의 법어는 지금 읽어도 가슴이 설렌다.

말을 만들어 낸 솜씨가 얼마나 탁월하고 깊이가 있는가. 선禪을 통해 얻은 깨달음이 저런 멋을 갖게 하는구나, 성찰케 하였다.

그뿐 아니다. 조주 선사가 남긴 문답 가운데 선의 진수를 느끼게 하는 것은 선비와 대화에서 더욱 빛을 발하고 있다.

조주 선사가 방장方丈으로 있을 때 평소 친분이 돈독한 선비가 찾아와서 스님의 지혜와 숭덕崇德을 칭찬하면서,

"스님은 고불古佛입니다." 하였다.

조주는 선비의 칭찬을 받고 나서 고불古佛이란 뜻에 버금가는 칭찬을 선비에 되돌려 주었다.

"그대야말로 신여래新如來, 새로운 부처이시오."

고불古佛이라고 칭찬하자 선비를 새로운 부처라고 화답한 것이다.

고불古佛이란 옛 부처를 상징하는 표현이다. 조주를 부처라고 말하는 것보다 훨씬 맛깔스럽고 품격이 있고 존경하는 표현이라고 할 수 있고 조주에게는 이보다 더한 상찬이 있을 수 없다.

선비야말로 새로운 부처라고 응수한 것이다.

짤막한 대화이지만 선의 진수가 담긴 문답이 아닐 수 없다. 그리고 이처럼 깊이 있고 웅장하면서도 숭엄한 정신을 느끼게 하는 문답은 듣지 못했다.

음미할수록 넓고 깊은 진폭의 울림을 준다. 그리고 인간의 내면을 살피는 깊은 성찰에 전율마저 느껴진다.

영적 기풍이 담긴 일언일구一言一句이다.

영혼을 때리는 울림

눈 밝은 선사들의 일언일구는 인간의 영혼을 때리는 울림이 있고, 때로는 우리의 사유思惟가 미치지 못하는 격외적格外的일 때도 있다.

그리고 말의 길이 끊어지고 논리로 분석할 수 없는 세계를 제시하기도 한다. 상상력이 우주로 확대되어 자아를 확대하고 안목을 넓히기 전에는 선사들의 일언일구를 듣고 있으면 머리가 혼란스러워진다. 그뿐 아니라 파격적이고 파천황破天荒적인 행동으로 일상 속에 자리하고 있는 규칙이나 규범 그리고 격식을 송두리째 파괴해 버리는 경우도 있다.

특히 중국 선사들 가운데 눈여겨볼 분은 지통知通, 739~823 선사이다. 우리에게는 단하천연丹霞天然 선사란 이름으로 잘 알려진 인물이다. 그도 조주 선사처럼 돈오적 직관을 가지고 천안돈개天眼頓開의 안목을 지닌 눈 밝은 선사이다.

그는 상식적인 것에는 관심이 없었고 논리적 설명에는 귀를 기울이지 않았다. 그가 마조馬祖 스님을 찾아가서 설법전에 모셔져 있는 목불木佛의 등에 올라 마조 스님을 불러오라고 고함지른 일화는 지금도 회자되고 있다.

그는 처음 유교에 심취하여 출세에 관심이 많았다. 어느 날 과거를 보기 위해 길을 가다가 해가 저물어 여관에 쉬게 되었다. 그날 밤 꿈에 광명이 방 안에 가득한 모습을 보고 꿈에서 깨었다.

해몽을 잘하는 사람에게 물어보니 출가하여 큰 깨달음을 성취하여 많은 사람을 교화하게 될 것이라고 말하였다.

며칠 후 참으로 우연하게도 길가에서 스님을 만나 서로 눈인사를 나누자 스님이, "어디를 가는가?" 하고 물었다.

"과거를 보러 갑니다."

"과거를 보아 출세하는 것보다 부처가 되는 것이 낫지 않는가?"

"부처를 되려면 어디로 가야합니까?"

"마조 대사를 찾아가게 그곳에는 부처를 고르는 시험이 있어."

마조 대사를 찾아뵙자 부처가 되는 방법은 가르쳐 주지 않고 대뜸 석두石頭 대사를 찾아가라고 일렀다.

이 당시는 마조와 석두가 강남과 강북에서 중국 선종禪宗을 양분하고 있을 때였다.

석두 선사는 천연天然을 보고 첫눈에 돈오적頓悟的 법기임을 간파하였다.

"내일부터 방앗간에서 일을 하라."

더 이상의 가르침도 없었다. 석두의 말에 반기를 들 수도 없고 눈에서 쏟아지는 안광에 압도되어 숨이 막히는 것 같았다.

석두는 깨달음을 담는 법기를 만들기 위해 방앗간 일을 시켰고 그것은 천연天然이 지니고 있는 알음알이나 자만을 쉽게 하는 수행이었다.

방앗간에서 일을 하고 밥 짓고 채공을 하는데 3년이 다 되어 가는 어느 날이었다. 석두石頭는 아침 공양을 끝내고 대중들에게 법당 앞에 자란 풀을 베도록 지시하였다. 마침 풀이 한 길이나 길어 있었다.

대중들이 낫을 들고 풀을 베기 시작하였으나 천연은 세숫대야에 물을 떠서 머리를 감고 석두 앞에 꿇어앉았다.

법당 앞에 풀을 베라고 한 말을 그는 자신의 긴 머리를 자르는 삭발의 뜻으로 받아들였다. 그는 이처럼 말이 담고 있는 뜻을 넘어 몇 단계를 뛰어넘는 미래를 보는 재능을 갖고 있었다.

불교에서는 머리털을 무명초無明草라고 한다. 번뇌와 어둠을 상징하는 뜻이다.

석두는 이 모습을 보고 흡족하여 웃으면서 머리를 깎아 주고 계법戒法을 말해 주려 하자 천연은 귀를 막고 자리에서 일어나 밖으로 나가 버렸다. 천연의 입장에서는 석두의 설법은 상식적이고 이심전심以心傳心의 교감이 없는 상투적인 말에 불과했기 때문에 귀를 막고 나가 버린 것이다.

비록 삭발은 했지만 법명法名도 받지 않았다. 석두의 선풍禪風은 천연의 날카로운 근기에 투합 되지 않았다.

비록 석두의 제자로서 인연을 맺었으나 법은 마조馬祖에게 받고 싶었다.

그 길로 강서江西로 가서 마조 대사를 친견하기 전에 큰방으로 들어가 탁자 위에 모셔져 있는 목불木佛의 목을 타고 앉으니, 이 모습을 본 대중들이 놀라 마조 대사에게 알렸다.

마조 스님은 그 모습을 보고 소리를 질러 꾸짖은 것이 아니라, "내 자식아! 참으로 천연天然스럽구나." 하고 깊은 애정을 드러내 보였다.

마조는 천연의 일탈逸脫을 높이 평가한 것이다. 몽둥이나 매질을 한 것이 아니라 천연의 모습을 통해 새로운 초탈을 발견한 것이다.

마조가 칭찬을 하자 재빨리 내려놔 마조에게 절을 하였다.

그리고 "법명을 지어주시니 평생 그 은혜 잊지 않겠습니다." 하고 고개를 숙였다.

천연天然이란 법명은 이렇게 지어졌다.

이후부터 그를 천연 선사라고 불렀다. 그는 처음부터 성자聖者나 스승에 의존하는 것은 개인적 창조를 방해한다는 것을 깨닫고 있었다.

비록 석두 선사가 그 당시 눈 밝은 선지식이었지만 마음으로 서로 계합하는데 한계가 있음을 깨닫고 마조를 찾은 것이다.

선종의 선사들 가운데 일탈逸脫을 무애无碍의 자유로 완성시킨 분들이 많이 있다. 그들은 일상적 규범이나 규칙에 얽매이지 않았다. 행동은 항상 창조적이었고 거추장스런 요식행위는 발로 걷어차 버렸다.

근세 선종에 경허鏡虛 선사가 그런 분이다.

침체해 가던 선맥禪脈을 일으켜 세운 분이 경허 선사이고 우리에게 걸림 없는 무애의 자유를 깨닫게 한 분이 경허이다.

경허는 항상 창조적 삶을 살았다. 변화가 없는 삶은 침체되고 만다는 것을 깊이 깨닫고 있었다. 그래서 그는 고정된 틀에 갇히지 않았다.

파격적이고 거친 경허의 삶을 살펴보면 그는 체험하지 못한 진실과 아름다움을 자신 속에서 캐내고 있음을 발견할 수 있다. 아름다움과 자유를 내보이기 위해 때로는 무애의 거친 행동으로 충격을 줄 때도 있고 때로는 소나기 같은 빗줄기로 다가서기도 한다.

침체되는 삶을 살지 않았기 때문에 항상 초인적 행동이 이루어졌다.

사람들이 슬픔을 원하고 있다면 그는 스스로 슬픔을 만들어 내는 능력을 갖고 있었다.

경허의 일화逸話는 너무 많아 다 소개할 수 없다. 그가 남긴 일화는 천연 선사의 파격적이고 초월적인 면을 넘어서고 있다.

경허는 충청도 서산지방에서 젊은 날 많이 머물렀다.

어느 날 어둠이 짙게 깔리고 있었다.

불빛이 하나 둘 밝혀지면서 하늘에서 별들이 얼굴을 내밀고 있었다. 이때도 경허는 몹시 취해 있었다.

비틀거리면서도 균형을 잃지 않고 있었다.

조그마한 마을 입구로 들어선 경허는 크게 소리를 질렀다. 우레와 같은 목소리였다.

"불이야! 불이야!"

마치 미친 사람이 소리를 지르는 것 같았다. 목소리가 얼마나 컸던지 마을이 흔들리는 것 같았다. 집 안에 앉아 있던 사람들이 불이란 소리에 문을 열고 뛰쳐나오고 있었다. 모두들 놀란 표정이었다.

그리고 불이 난 곳을 찾아보고 있었다. 마을 사람들 시야에는 불난 곳이 보이지 않았다. 불도 나지 않았는데 경허가 괜히 불이 났다고 소리를 쳐 사람들이 문밖으로 나와 웅성거렸다.

누군가 성난 표정으로 "도대체 어느 곳에 불이 났단 말이요?" 물었다.

그때 경허는 가슴을 치면서, "이 속에서 불이 났소. 지금 활활 타고 있단 말이오." 태연이 대답하였다

중국 운문종雲門宗의 종주인 운문 선사가 어느 날 나무로 만든 사자의 입에 자기 손을 집어넣고 "살려줘요!" 하고 비명을 지른 것과 다를 바 없다.

인간의 삶이 타성에 빠져 갇혀 있다면 그 삶은 죽어 있는 것과 같다.

순간순간 창조가 이루어져 새로이 태어나고 거듭거듭 새롭게 형성되어야 한다.

경허는 타성과 인습을 타파하는데 천재적 재능을 갖고 있었다.

그러나 때로는 지나친 전도顚倒된 모습을 보여 그 속에 담긴 뜻을 헤아리기 어려울 때도 있었다.

그가 어머니의 생일날 법문을 하기 위해 법상에 오른 일이 있었다.

어머니를 비롯해 신도들이 법당을 가득 메웠다.

그러나 경허는 법문은 하지 않았고 가사를 벗고 저고리와 바지를 벗었다.

끝내는 속내의까지 벗어 버렸다. 알몸이 그대로 드러났다. 어머니를 비롯해 신도들은 해괴망측한 모습을 봤다고 법당을 뛰쳐나왔다.

이때 경허는 독백처럼 "나의 본래 모습을 보여주고 싶었는데…." 하고 말끝을 흐렸다.

신도들의 눈에는 미친 짓으로 보였고 경허의 입장에서는 태어나기 전 본래 그 모습을 상징적으로 보여주고 싶었던 것이다.

선禪은 때로 전도顚倒를 통해 본래 모습을 역설적으로 표현할 때가 있다.

천연 선사는 마조에게서 법명을 받고 슬하에서 3년 동안 정진을 하다가 여항餘杭의 경산經山에 가서 국일國一 선사를 친견하고 인가를 받았다.

정진을 통해서 몸 안에 내재하고 있는 부처를 만난 것이다. 그만큼 천연의 근기와 성찰은 무르익고 깊어져 있었다.

부처를 마음 밖에서 찾지 않고 사유와 성찰을 통해 마음 안에서 부처를 이루어 낸 것이다.

백장 선사는, "부처님은 원래 얽매임에서 벗어난 사람인데 다시 속박과 얽매임 속으로 들어가 부처를 이루었다."고 말한 일이 있다.

인가를 받고부터 천연 선사의 기행奇行은 다시 계속되었다.

누구나 완숙한 경지에 도달하면 특정한 틀에 갇히지 않듯이 그의 행동은 임운任運 자재하였다.

그의 행장을 보면 낙경洛京의 용문龍門 향산香山에서 복우伏牛 화상을 만나 지음知音의 두터운 정을 나누었다고 전하고 있다.

그리고 운수행각을 하다가 추운 겨울날 혜림사에 밤늦게 도착하여 온기도 없는 큰방에서 지내면서 선종사에서 회자되고 있는 목불木佛을 태우는 사건을 저지르고 만다.

추위를 견디지 못한 천연天然은 사위어 가는 화롯불을 되살리기 위해 자리에서 일어나 탁자 위에 모셔져 있는 목불을 도끼로 쪼개서 불을 피웠다.

방안에 불빛이 일고 연기가 가득하자 대중들이 잠에서 깨어 이 모습을 보고 기겁을 하고 놀라운 표정을 감추지 않았다. 그리고 얼굴에는 무서운 분노가 일었다.

이때 천연은 "나는 부처님을 화장해서 사리舍利를 얻으려고 했는데….", 하고 말끝을 흐리자 대중들이 분노가 섞인 목소리로 "나무로 만든 불상에서 무슨 사리가 나온다는 말이오!" 고함을 질렀다.

"사리가 없다면 나무토막에 불과하지."

이 말 한마디에 대중들은 입을 열지 못했다.

천연은 전통적 인습에 얽매여 있는 사람들에게 살아있는 부처가 누구인가를 분명히 깨닫게 하였다. 신앙을 갖고 있는 분들은 천연 선사의 이 일화 속에 담긴 뜻을 깊이 헤아려 보아야 할 것이다.

그리고 종교와 신앙을 갖고 계신 분들은 종파의 울안에 갇히거나 종교의 노예가 되지 말고 자주적 인간이 되어야 함을 깨달아야 할 것이다.

왜냐하면 살아있는 믿음은 어떤 틀에도 갇혀서는 안 되기 때문이다.

천연은 자기 생애가 얼마 남지 않은 것을 깨닫고 있었다.

그의 행장에는 원화元和 15년 어느 날 문도들을 향해, "나의 노년을 마칠 숲을 찾고 싶다."고 밝히고 있다.

이때 문도들 가운데 영제令齊와 정방靜方 두 제자가 단하산에 암자를 지어 스승을 주석토록 하였다.

그가 한곳에 자리를 잡고 머물자 대중이 운집하였다. 항상 300여 명이 넘는 대중들이 그의 곁을 떠나지 않고 칼날 같은 금언金言을 듣고 얽매임에서 벗어나는 성찰의 화두話頭를 놓치지 않았다.

그가 남긴 법어는 군더더기가 없고 상투적인 데가 없다. 일언일구一言一句에 선의 진수가 넘쳐 났다.

그대들은 하나의 신령스런 물건을 간절히 보호하라. 그대들이 이름을 짓거나 모양을 그릴 수 있는 것이 아니다.

이것은 지知와 부지不知에 속해 있지 않다. 참구하여 체증하라.

내가 처음 석두石頭 화상을 친견할 때 그도 이것을 잘 보호하라 하더라. 이것은 언어로 표현할 수 있는 것이 아니다. 그대들은 잘 살펴라. 선교방편과 자비희사는 밖에서 얻는 것도 아니고 마음에 집착하여 얻을 것도 아니다.

선교는 문수文殊이고 방편은 보현普賢인데 그대들은 무엇을 찾아 헤매는가. 경에도 의존하지 말고 공空에도 떨어지지 말라. 요사이 학자들이 소란하게 구하는 것은 모두 참선하고 도道를 묻는 것인데 나의 여기에는 닦을 도道 없고 증득할 법도 없다. 마시고 먹음에 제각기 분복이 있으니 알기만 한다면 석가釋迦도 범부이거니 그대들은 스스로 잘 살피라.

한 소경이 뭇 소경을 이끌고 불구덩이로 드는 짓을 하지 말라.

천연의 법어는 삶을 용해하고 터득하여 체화한 성찰의 깨달음이 담겨 있다. 한 소경이 뭇 소경을 이끌고 불구덩이 속을 들어가는 어리석은 짓을 하지 말라는 그의 법어를 주목해야 한다.

천연은 장경長慶 4년 6월 23일에 몸과 마음에 지고 있던 짐을 내려놓고 제자들에게 "목욕물을 데워라. 떠날 준비를 해야겠다."는 분부를 하였다.

육신은 늙었지만 큰 병이 든 것도 아니었다.

자신과 이별할 때가 되었음을 알고 있었다.

일생동안 얽매임에서 벗어나고자 했기 때문에 그의 몸과 마음에는 걸리는 데가 없었다. 초탈이 몸에 배어 있었다. 그는 생사의 자유가 무어인가를 일찍이 알고 깨달았기 때문에 육신을 버리는데 아쉬움이 없었다.

목욕을 하고 새 옷을 갈아입은 후 창밖을 한 번 쳐다보았다.

햇살이 공양미 삼백 석마냥 쏟아지고 있었다. 그리고 새들이 나뭇가지에 앉아 이별을 노래하는 것 같았다.

그는 삿갓을 쓰고 지팡이를 짚고 신을 신은 후 한 발자국 한 발자국 옮기다가 그대로 입적入寂하였다.

자기 죽음을 자유자재하게 연출하고 있는 것 같았다.

한 발자국 옮기는 모습이 마치 법신이 육신을 빠져나와 어디로 홀로 걸어가는 것 같았다.

삶과 죽음을 완성하면 몸과 마음에서 저토록 아름다운 자유를 풀어낼 수 있는 것일까, 깊이 생각게 하였다. 그리고 생과 사의 굴레를 어떠한 힘이 있어야 천연 선사처럼 훌훌 털고 일어설 수 있단 말인가.

내 자신에게 묻고 물었다.

부처님 꽃을 드시다

낙엽은 화두話頭이다

무더운 여름이 지나가자 아침저녁 바람이 서늘해졌다.

더운 기운이 빠지고 제법 찬 기운이 옷깃 속으로 스며든다.

처서가 지나고부터는 내가 거처하는 암자庵子 주위 숲들도 여름 한철 두르고 있던 검푸른 치마 색깔들이 조금씩 변해가고 있었다.

풀밭에서 들리는 벌레소리도 한층 여물어지고 하늘의 별자리도 그 빛이 영롱하였다.

날이 갈수록 바람소리는 그치지 않고 나뭇가지들을 흔들며 지나가면 나무들은 점점 수척해 갔다.

썰렁한 바람 때문인지 귀가 예민해지고 서서히 주위가 조금씩 텅 빈 공간을 만들어 가고 있었다.

창문을 열면 향긋한 바람이 코끝을 자극하고 하루가 다르게 산 빛이 변해가고 울창한 숲 사이의 틈이 한층 벌어져 있었다.

저녁노을이 있는 날은 조금씩 물들어 있는 숲들의 색깔들도 더욱 선명해 지고 지나가는 바람에 낙엽이 한 잎 두 잎 낙하하였다.

가을의 섭리가 내 주위를 점령하고 있었다. 하룻밤이 지나가면 뜰 앞에 제법 낙엽이 쌓여 바람에 날리고 있었다.

이제 무서리가 내리면 나무들은 낙하를 다투며 서두를 것이다.

스스로 자기를 비워 알몸을 드러낼 것이다.

가을은 나에게 자기 응시와 성찰의 화두話頭를 갖게 한다.

나뭇잎이 제 몸을 떠난 것을 통해 별리와 떠남을 배우고 낙하落下를 통해 버림과 내려놓음을 깨닫는다. 그리고 조락凋落이 이루어질 때 진정한 비움의 진리를 체득하게 된다.

그러니까 낙엽 한 잎이 나에게는 현성공안現成公案이다.

잎이 되어 낙엽이 떨어지는 과정을 통해 유언有言에서 무언無言의 세계에 이르는 선禪의 이치를 깨닫기도 하고 근원으로 돌아가는 귀환歸還의 진리를 증득하게 된다.

낙엽귀근落葉歸根이라 했지 않은가. 낙엽이 떨어져서 썩으면 뿌리로 돌아간다는 뜻이다. 나무들은 스스로 버릴 줄 알고 내려놓는 것도 스스로 한다. 스스로 내려놓고 비워서 본체를 드러낸다.

단풍이 물들고 낙엽이 지는 풍경 자체가 선禪에서 말하는 촉목보리觸目菩提의 경지이다. 눈빛이 닿는 곳마다 깨달음이 있다는 의미이다.

그래서 가을을 자기 응시와 성찰의 화두를 가져다주는 계절이라고 말하는 것이다.

나뭇잎들이 제 몸을 떠나는 이별을 볼 수 있고, 죽음을 예비하는 것 같이 제 몸을 비우고 비워서 본체를 드러내기 위해 모든 것을 내려놓는 것을 볼 수 있다.

날마다 변하면서 매일 매일 이별하고 있는 것이다.

바람에 낙엽이 우수수 떨어진 날에는 김광석의 '서른 즈음'에 노래를 들으면 낙엽이 가지고 있는 의미를 더욱 깊게 느낄 수 있다.

그의 노랫말에는 철학적 무게와 성찰이 담겨 있고 변화와 떠남을 깊이 깨달을 수 있다.

  … 머물러 있는 청춘인 줄 알았는데 …
  매일 이별하며 살고 있구나 …
  그리고 점점 더 멀어져 간다 …
  조금씩 잊혀져 간다 … 또 하루가 멀어져 간다.

여름 한철 검푸른 잎들이 머물러 있는 청춘이라면 그 청춘이 가을이 되어 제 몸과 이별한다. 그리고 날마다 바람에 지는 낙엽을 보면 조금씩 멀어져 가고 잊혀져 가는 것을 느낄 수 있고 매일 이별하고 있음을 깨닫게 된다.

인간은 누구나 삶과 죽음의 여정 속에서 살아간다.

자신이 지닌 청춘이 변해 간다는 것을 집착 때문에 깨닫지 못할 때가 있고 고통과 좌절로 인해 잃어버릴 때도 있다.

단풍이 아름답게 물든 숲 밑에 앉아 있으면서 매일 매일 이별하고 있음을 깊이 깨달을 수 있다.

가을 산색은 하루가 다르게 변해 간다. 하룻밤 자고나면 누군가 오색 물감을 뿌리고 지나간 것처럼 황금빛으로 물들어 있다.

아침 뜰 앞에는 낙엽이 수북이 쌓여 바람에 흩날리고 있었다.

그리고 빈 가지가 늘어나고 있었다.

설악의 가을은 대청봉에서부터 시작된다. 운수雲水가 걸망에 가을을 짊어지고 하산下山을 하면 단풍도 발자국을 옮기기 시작한다.

신바람이 나면 금풍金風의 물결은 하루 십리十里를 달리기도 하고 지치면 숨을 고르며 오리五里 길에 잠깐 멈추기도 한다.

날씨가 좋은 날에는 숲에서 불길이 일어나듯 오색 빛으로 숲들이 영롱한 빛으로 타오른다.

그리고 단풍이 지나가는 자리에는 낙하가 시작되어 나목裸木들이 본체의 아름다움을 드러내고 있다. 단풍으로 목욕을 한 나목들이 어떨 때는 한층 아름답게 보일 때도 있다.

산을 타고 내려오는 단풍은 천불동千佛洞 계곡에서 절정을 이룬다.

오색 무지개가 깔려 있는 것 같고 만장挽章처럼 휘날리기도 한다.

그러나 아름다운 진경산수眞景山水는 오래 머물러 있지 않다. 환영처럼 사라지고 만다.

대청봉에서 내려온 단풍은 내가 거처하는 암자 주위에서 가을 끝자락까지 머문다.

아침 공양이 끝나면 나는 미타전彌陀殿을 거쳐 대웅전 뜰 앞을 지나고 돌다리를 건너서 수암전壽岩殿 밑으로 전개되는 환상적인 단풍 숲을 바라보며 발길을 잠깐 멈춘다.

마치 수만 개의 작은 오색등이 불을 밝혀 있는 것 같기도 하다. 그 아름다움을 인간의 능력으로 만들 수 없는 빛깔이 환상적인 분위기를 만든다.

이 세상의 아름다운 빛깔만을 모아서 빚어 낸 화엄華嚴 같았다.

순간적이지만 나는 어쩔 수 없이 환상적인 풍광 속으로 빠져들어 꿈을 꾼다. 그것은 정토靜土의 아름다움이었다.

정토의 꿈에서 깨어나 다시 발길을 옮기면 나뭇잎들은 제 몸을 떠나 땅에 떨어진 채 발에 밟히고 있다.

가을이 저물어 가고 있었다.

뜰 앞에 나무들이 스스로 옷을 벗고 있는 것 같았다. 나목裸木들이 늘어나고 있었다. 어떤 나무는 빈 가지만 남은 채 바람에 흔들리고 있었다.

이제 무서리가 내리고 겨울 삭풍이 몰아닥치면 낙엽은 다 지고 말 것이다.

눈앞에 산들도 이별을 준비하듯 제 몸에 지닌 잎들을 내려놓으면서 스스로 비우는 작은 노동을 시작하고 있었다.

한철동안 지고 있던 짐을 부려 놓고 스스로 가벼워지고 있었다.

마치 겨울 안거安居를 준비하듯 몸에 지닌 것을 내려놓고 있었다.

좌탈坐脫이 아닌 입망立亡으로 방하착하고 있었다.

일생을 마무리하고 입적入寂을 기다리는 운수와 같이 떠날 준비를 하는 것 같았다.

낙엽은 화두이다. 그 안에 떠남이 있고 비움이 있다. 내려놓음을 배우지 못한 사람, 비움을 깨닫지 못한 사람들은 낙엽이란 화두를 통해 깨달아야 한다.

조선조 설암 스님1651~1706은 가을 풍경의 한 단면을 다음과 같이 노래한 일이 있다.

엊그제 바위 옆에 핀 몇 송이 꽃들
환한 그 얼굴빛이 무슨 말인가 할 것 같더니
새벽에 문득 일어나 발을 걷고 내다보니
하룻밤 비바람 따라 모두들 가 버렸네.

설암 스님만 느낀 가을 풍경이 아니다. 암자 주위에 곱게 물들인 단풍나뭇잎이 몇 잎 남아 있는 것을 보는 것은 가을이 오면 자주 있는 일들이다.

아침에 일어나 눈길을 보내면 마치 화답하듯이 무슨 말을 하는 것 같기도 하고 바람에 몸짓을 흔들어 보이기도 한다.

가을바람은 나뭇잎이 제 몸을 떠나게 하고 낙하를 도와준다.

중국 운문雲門 선사는 그의 어록에서 가을바람을 금풍金風이라고 표현하고 있다. 황금 바람, 순금의 바람이란 뜻이다. 그는 체로금풍體露金風이라고 철학적 성찰이 담긴 법어를 하였다. 순금의 바람에 본체를 드러낸다는 의미이다.

가을 들녘을 바라보면 황금물결이 출렁이다가 추수를 하고 나면 텅 빈 공적空寂이 드러난다. 봄에 부는 바람과 다르다. 산들산들 부는 바람이나 훈풍에는 잎이 피고 꽃이 피지만 금풍은 본체를 드러내게 하고 낙엽은 뿌리로 돌아가게 한다.

임종이 다가오는 수행인일수록 마무리하는 법을 낙엽을 통해 배워야 한다.

마지막 호흡을 몰아쉬고 숨을 거두며 입적하듯이 낙엽은 성전일구聲前一句를 남기고 낙하하는가 하면, 안광낙지眼光落地의 깊은 적막을 만들어 내기도 한다. 모두 내려놓고 비우고 떠나기는 참으로 어렵다.

그러나 자기 응시가 깊고 삶과 죽음을 직시하고 깊이 성찰한 사람들은 모든 것을 내려놓고 임종을 기다린다.

가톨릭의 성자 요한 바오로 23세는 임종이 다가오자 의사에게, "걱정할 것 없습니다. 여행 가방을 미리 꾸려 놓았습니다. 그 순간이 오면 지체 없이 떠날 것입니다." 하고 초월적 여유를 보이기도 하였고, 중국 과안過安 선사는 정신과 육신을 직시하고 성찰한 힘으로 입적의 순간이 다가옴을 직감하고 제자들에게 관棺을 사오라고 하였다.

그는 관棺 뚜껑을 열고 스스로 들어가 편안히 누워서 입적을 기다렸다.

생사를 자유롭게 하는 초월적 힘이 없이는 이루어질 수 없는 행동이었다.

상강霜降이 지나고부터 아침저녁 무서리가 내리고 찬바람이 거세졌다.

밤이 깊어지면 바람은 성난 짐승처럼 칭얼댄다. 그때마다 무더기로 떨어진 낙엽이 쓸려가는 소리가 들린다.

산 정상을 타고 내려온 바람은 계곡에서 거세진다. 마치 여러 말이 달리는 소리를 내기도 하고 돌에 부딪쳐서 쇳소리를 내기도 한다. 어떨 때는 파도소리가 밀려오는 것 같기도 하다.

바람은 간헐적으로 불다가 휘몰아친다. 처음에는 뒤뜰에 슬쩍 스치다가 할喝과 봉棒을 쏟아붓기도 한다.

바람이 얼마나 맹렬했는지 나무가 울기도 하고 계곡은 비명소리를 지른다.

그리고 어느 마을 집 슬픈 조상弔喪을 보았는지 울먹이는 소리를 하다가 가슴을 찢는 통곡을 쏟아붓는 것 같기도 하다.

가을 풍광風光 그대로가 조사선祖師禪이다.

자연이 빚어내는 일기일경一機一境의 언어는 불조의 일언일구一言一句와 다를 바 없고 환귀본처還歸本處의 통로를 열고 있다.

울부짖고 칭얼대던 바람이 지나가면 죽음 같은 적막이 엄습한다.

깊은 적막 속에 빠져 있다가 창문을 열면 별빛의 잔광殘光이 나뭇잎에 앉아 반짝이는 것을 볼 때가 있다.

바람이 칭얼대고 계곡이 비명소리를 낸 것은 가을이 떠나기 위해 몸부림친 것이다. 끝내 바람은 뜰 앞의 가을 풍경을 쓸어가 버렸다.

계절이 변할 때마다 자연은 여러 모습으로 바뀐다. 봄이면 제 몸을 풀어 잎과 꽃을 피우기도 하고 가을이면 오색 단풍을 빚어내기도 한다.

만물은 한 시각도 제자리에 머물러 있지 않고 변화하고 있다.

그리운 것은 오래 머물지 않는다

초겨울 산사는 쓸쓸하고 적막하다. 낙엽을 떨쳐버린 나무들은 초췌한 모습으로 서 있고 새들도 어디로 사라졌는지 그 모습을 볼 수가 없다.

텅 빈 공간 사이로 바람만 지나가고 있다.

마치 사랑하는 사람을 보내고 난 후 쓸쓸하고 외로워하는 그 모습이었다.

갑자기 외딴곳으로 유배된 기분이다. 가슴속은 텅 비어 가고 영혼의 빈터만 남아 있는 것 같다.

창밖에는 초겨울 찬바람이 지나가고 인기척은 끝내 들리지 않았다.

산골짜기에 깔려 있던 그림자들도 외로워 내 곁으로 찾아올 것 같다.

특히 가을이 지나고 초겨울이면 이러한 외로움은 정신 깊숙이 찾아든다.

이럴 때마다 창문을 열어놓고 기다릴 때가 많다. 누군가 오겠다고 약속한 것도 아니지만 막연히 기다리는 것이다.

누구도 오지 않을 것을 알면서도 대문 밖을 쳐다보기도 한다. 발자국 소리가 들리지 않을까, 귀는 예민해지고 가슴은 두근거린다.

한참동안 대문 밖을 쳐다보면 눈에 잡히는 것은 사람이 아니라 산 그림자가 내려와 누워있는 모습이다. 가끔 새들이 날고 있는 모습이 보일 때도 있다. 끝내 사람은 보이지 않았다.

한참동안 바라보던 눈빛을 거두고 내 안의 속 뜰을 살펴보니 가슴속에 그리움이 쌓여 있었다. 내 자신도 모르게 누군가를 그리워하고 있었던 것이다. 그래서 막연히 기다린 것이다.

누구나 외로우면 사람을 그리워하게 된다.

그렇다고 주위에 사람이 없어 그리워하는 것은 아니다. 내가 기다리고 그리워하는 사람은 날마다 얼굴을 맞대고 있는 그런 사람이 아니라 인격에서 향기가 배어 나오고 얼굴에 잔잔한 미소를 지닌 사람이다.

그리고 좋고 나쁜 것을 따지지 않고 크게 포용할 줄 알고 말 한마디 한마디에 치유를 일으키게 하는 그런 사람을 말한다.

말하지 않아도 눈빛으로 이심전심을 느끼게 하고 오랫동안 보지 않아도 마음이 설레고 편해 진 사람을 막연히 기다린 것이다.

그동안 많은 사람들을 만나 보고 수행인들을 만났지만 얼굴에 자비가 가득하고 후덕함이 넘치는 사람은 만나 보지 못했고, 허물을 감싸 주고 스스로 부끄러움을 갖게 하는 사람을 만나 보지 못했다.

천진하고 겸허한 인품, 맑고 순한 눈매만으로 사람을 감화시키는 사람도 찾기 힘들었다.

지위가 높고 권력을 지닌 사람을 만나 보면 눈빛에서부터 사람을 얕보는 권위가 느껴지고 위압이나 완력 같은 분위기를 느낄 때가 많았다.

소탈하고 겸손한 인품과 자애로움을 지닌 사람은 그리 많지 않았다.

사람마다 개성이 다르고 추구해 온 가치와 이상이 다르고 상황에 따라 마음 쓰는 것도 다르다. 특히 몸에 익혀 온 습관은 사람따라 천차만별이다.

습관은 대부분 어릴 때부터 익힌 경우가 대부분이다. 그리고 그 습관은 몸에 밴 업業이 되어 좋은 행위로 나타나는 경우도 있고 상대를 불편하게 만드는 경우가 많다.

그래서 나는 항상 사람의 만남에는 향기로운 여운이 감돌아야 한다고 믿고 있다.

그동안 사람을 만나 본 경험에 따르면 이름이 널리 알려진 사람을 찾아갔다가 실망을 안고 돌아선 경우도 많았고, 남들에게 알려지지는 않았지만 자기 분수를 지키며 살아가는 사람을 만나 보면 따뜻한 인간미에 감화를 받고 온 경우도 많았다. 비록 선지식 소리를 듣고 있지 않았지만 정진만을 계속해 온 수행인을 만나면 말 한마디 한마디에 눈이 번쩍 뜨이고 귀가 훤히 열려 깨달음을 가슴에 담아 올 때도 있었다.

내가 그리워하고 기다리는 사람은 바로 그런 사람이다. 따뜻한 인간미가 전해지고 향기로운 여운이 감돌게 하는 사람이다.

하루 낮 하룻밤 사이에 만 번 태어나고 만 번 죽는다는 말이 나이가 들수록 실감이 난다. 이 순간에도 수많은 사람들이 태어나고 목숨을 잃고 있다.

삶과 죽음은 끝없이 반복되고 있다.

병들어 죽어가는 사람, 비명에 간 사람들의 부음訃音이 그칠 날이 없다.

사람이 타고 난 운명은 각기 다르다. 죽는 방식이 특별이 정해진 것은 아니지만 목숨을 잃는 것도 비명에 가거나 병들어 가는 경우가 많다.

세상에 태어나자 죽음을 맞이하는 사람도 있고 비명에 가는 사람도 있고 꿈을 펴 보지도 못하고 어린 나이에 눈을 감는 경우도 있다.

법화경 「보문품」을 보면 구종횡사九種橫死를 열거하고 있다.

불에 타서 목숨을 잃는 사람, 익사하는 사람, 교통사고로 생명을 잃거나 감옥에 갇혀 숨을 거두는 사람, 등산을 하다가 불의의 사고로 비참하게 목숨을 잃는 사람까지 지적하고 있다.

아름다운 죽음이나 생명의 존엄을 떠올리게 하는 죽음을 볼 수가 없다.

마조馬祖 선사도 인간의 수명에는 일면불日面佛과 월면불月面佛이 있다고 상징적으로 말한 일이 있다.

일면불日面佛은 장수를 의미하고 월면불月面佛은 단명을 뜻한다.

불교 수행인들도 장수를 누린 분도 있고 일찍이 생애를 마친 분들도 있다.

생사의 얽매임과 죽음의 굴레에서 벗어나기 위해 일생동안 정진을 거듭하고 탐구를 그치지 않았지만 인간의 수명을 연장하는 데는 자유롭지 못했다.

중국 선종사를 보면 장수를 누린 선사들이 등장한다. 그것도 초기 선종사에 등장한 선사들이 후기 선종사에 명성을 떨친 수행인보다 장수의 삶을 누렸음이 행장을 통해 나타나고 있다.

특히 혜안慧安 선사는 120세를 넘게 살았고 그 다음이 우리에게 방하착放下着이란 내려놓음의 철학적 화두를 던진 조주趙州 선사와 신수神秀 선사이다. 신수는 100세를 넘게 살았다. 그는 한때 홍인弘忍 선사의 수제자로 우리에게 점수漸修의 길을 제시한 분이다.

혜안 선사는 홍인 스님과 인연이 깊었고 그의 십대 제자 가운데 한 사람인 현색玄賾은 혜안을 평가하기를, 도道와 덕이 깊고 고고孤高한 인품은 비교할 만한 인물이 없다고 극찬한 일이 있다.

특히 측천무후則天武后는 그를 스승으로 삼고 경의를 표하고 흠중欽重함이 깊었다.

측천무후는 원래 신수神秀를 흠모하고 존경했던 왕후이다.

그가 혜안을 존경하게 된 원인은 혜안의 넉넉하고 훈훈한 덕성과 걸림 없는 수행의 삶이었다고 한다. 그는 고종으로부터 초청이 오면 받아들이지 않고 깊은 산속으로 은둔했다. 권력이 있는 곳은 철저하고 잔인할 만큼 외면하면서 가난한 사람들에게 넉넉함과 자족을 갖게 하는 덕성 때문에 그를 존경했다고 한다.

혜안은 고종高宗이 몇 차례 사신을 보내 뵙기를 청했으나 늙고 병들었다는 이유로 응하지 않았다.

항상 낮은 자세로 자애로움을 잃지 않았고 권위를 앞세우지 않았다.

그는 중종中宗, 예종睿宗, 측천무후를 거쳐 삼제국사三帝國師로 추대되는 영광을 누렸지만 자만하거나 권위를 앞세우지 않았고 언제나 낮은 자세로 수행인의 품위를 잃지 않았다. 그리고 사람을 크게 끌어안는 포용력과 뛰어난 선적禪的 예지와 직관력을 갖추고 있었다.

그 당시 고승의 반열에 오른 수행인들이 주지로 가고 싶었던 절이 형주荊州 옥천사玉泉寺 주지였다. 옥천사 주지가 비어 있을 때 황궁皇宮과 눈 밝은 수행인들이 혜안을 추천했지만 신수神秀가 원하고 있다는 것을 눈치 챈 혜안은 신수神秀에게 끝내 사양하고 말았다.

훗날 신수神秀는 삼제국사三帝國師가 되어 황궁의 존경을 한 몸에 받았고 그 권위와 권세는 하늘을 찌를 듯하였다고 「당서唐書」에까지 기록되어 있다고 한다.

황궁을 출입할 때는 가마를 탔고 그 가마를 신하들이 하차하는 곳에 내리지 않고 그대로 어전 앞까지 타고 들어갔다고 한다.

그의 권위權威가 얼마나 대단했는지 짐작이 간다.

특히 그가 입적했을 때는 임금으로부터 신하에 이르기까지 깊은 애도가 있었고 화려하고 엄숙한 영결식이 거행되었다고 한다.

그러나 혜안은 화려한 영결식을 피했다. 임종이 다가오자 스스로 산으로 들어가 가부좌를 틀고 정진을 계속하다가 제자들을 모아 놓고 유촉하기를, "내가 죽거든 숲속에 시신을 놓아 들불에 타도록 하라."고 당부하였다.

영혼이 빠져나간 육신을 치우는데 여러 사람들한테 피해를 끼치고 싶지 않았다. 누구나 죽게 되면 장례식을 치르는 치다꺼리로 인해 많은 사람들을 번거롭게 하고 폐를 끼치게 된다. 혜안은 그것을 알고 있었다.

오늘의 수행인이 배울 교훈이 여기에 있다.

그래서 그는 화려한 장례식을 거부했고 다비목茶毘木을 준비하는 것도, 꽃상여를 만드는 것도 허락하지 않았다.

거름뭉치를 치우듯 시신을 숲속에 버려 자연스럽게 화장火
葬되도록 유언한 것이다.

밤이 되자 별빛이 하늘에서 내려와 불빛을 만들었고 들풀
은 스스로 점화되어 그의 육신을 소멸시켰다. 타고난 뼈마디
에 영롱한 구술이 군데군데 흩어져 있었다. 스승의 유촉에 따
라 숲속에 버린 시신은 몇 시간이 지나자 소멸해 버리고 영롱
한 사리舍利만 반짝거리고 있었던 것이다.

사리舍利 80과를 수습했는데 투명하고 영롱하였다.

비록 들불로 화장하여 일생을 마무리하였지만 그가 남긴
수행 가풍과 깨달음은 영롱한 사리처럼 빛나고 있다.

육신의 고통에서 집착하여 자기를 잃다보면 생사의 굴레
를 훌훌 벗고 일어설 수 없다.

육신을 헌 누더기 한 벌과 다름없다는 생각을 해야 나고
죽음의 얽매임에서 벗어날 수 있다. 사는 일이 죽는 일이고
죽는 일이 곧 사는 일이란 깨달음이 있어야 생사합일의 자유
를 만들어 낼 수 있다.

선사들이 궁극적으로 추구하는 가치는 모든 얽힘에서 벗
어나는 자유이다.

생활에서 얻어지는 집착도 버려야 하고 마음의 애착으로
부터도 자유스러워져야 한다. 특히 병들어 육신에 갇혀 버리

면 본래부터 갖추고 있는 신령스러움을 잃기 쉽다.

육신의 허망함을 깨닫고 살아야 육신에 갇히지 않고 해탈의 가치를 만들어 낼 수 있다.

혜안은 생사를 초탈한 해탈을 이루고부터 격식에 얽매이지 않고 임운자재任運自在하였다.

얽매이지 않는 자유가 몸에 배어 있어 집착하지 않았다. 신분에 걸맞지 않게 삼제국사三帝國師란 영예를 얻었지만 자만하지도 않았고 권세를 누리지도 않았다. 오히려 그 벼슬자리가 훗날 자신을 욕되게 하고 더럽히게 하는 일임을 잘 알고 있었다. 그리고 육신의 허망도 깨닫고 있었다.

육신의 장애를 뛰어넘지 않고는 생사 속에 갇히고 만다는 성찰을 잊지 않았다.

선사禪師들은 육신의 무상함과 허망함을 깨닫고 호흡이 그치면 한 무더기 거름뭉치가 된다는 것을 체험했기 때문에 자신의 육신을 산속에 버리거나 짐승들의 요깃거리로 던져 버릴 수 있었다. 그래서 수행인들은 임종을 통해 역설적 아이러니를 쏟아 내었다.

중국 곡천谷泉 선사는 "이제 천당으로 가지 않고 지옥으로 들어가리." 노래하였고, 이름이 밝혀지지 않은 중국의 어떤 선사는 임종에 다다라 눈앞에 타고 있는 장작불을 보고 "지난밤에는 허공을 태웠는데 불속에 뛰어들어 목욕을 했다."고 무생無生의 노래를 하고 있다.

밝고 신령스러운 본분을 드러내기 위해 몸 안에 있던 어둠을 덜어내고 인간의 본질이 아닌 것을 걷어내어 버렸다.

육신의 장애가 없어져야 생사의 자유를 누릴 수 있다. 그래서 혜안은 육신을 던져버린 것이다.

육체의 유한성을 뛰어넘어 인간이 도달할 수 있는 초월됨을 보인 것이다.

그래서 혜안은 들불로 자기 생애를 마무리했어도 그가 남긴 깨달음은 영롱한 사리처럼 빛나고 있지만, 화려한 영결식으로 생애를 마친 신수神秀의 깨달음은 여운이 남아 있지 않다.

치열하게 정진을 한 수행인일수록 입적을 통해 해탈의 전형을 만들거나 육신을 산속에 버리라고 유언하는 경우가 많았고 영원히 죽지 않은 삶을 보이기도 했다.

그대를 기다리고 있는 것

근래 종교인들 가운데 임종을 통해 많은 사람들에게 감동을 준 분은 김수환 추기경이다. 그는 사람을 사랑하는 방법을 아는 성직자였다. 그리고 세상 사람들이 앓고 있는 소리를 들을 줄 아는 경청의 지혜도 갖고 있었다.

권위주위 시대에 바른말 한 번 못하고 눈치만 보고 있을 때 그는 권력을 향해 쓴소리를 했을 뿐 아니라 고통과 좌절로 방황하고 있을 때 많은 사람들의 기댈 언덕이 되어 주기도 했다.

그도 노년에 이르러 병원에서 치료를 받으면서 인간 실존의 고독과 맞서는 시간을 가져야 했다. 그러나 육신의 고통에 갇히지 않고 선종善終이 다가오자 두 눈을 기증하여 다른 사람을 통해 세상을 보는 초월적 모습을 보여주어 많은 사람들을 감동케 하였다.

그는 죽으면서 다시 사는 해탈의 방법을 알고 있었고 다시 태어나는 방법이 무엇인지 우리에게 가르쳐 주고 이 세상을 떠났다.

죽음은 사람을 차별하지 않는다. 그리고 높고 낮음도 가리지 않고 찾아온다.

한 사람 한 사람 죽음이 기다리고 있다는 것을 잊어서는 안 된다.

파스칼이 말했듯이 모든 존재는 홀로 죽어간다.

이 세상에 생멸의 거듭함을 피하고 무너지고 소멸할 육신을 보존할 방법은 없다.

누구나 늙게 되면 육체의 변화를 체험하게 된다. 젊었을 때 느끼지 못했던 건망증도 깨닫게 되고 무너지고 소멸해 가는 것을 통해 빈껍데기만 남아 있는 것이 아닌가 생각할 때가 많다.

인간의 육신은 누구를 막론하고 노화老化가 계속되면 모든 기능이 조금씩 굳어지는 경화하는 단계에 이르게 된다.

혈관에서부터 관절, 근육, 심장판막, 심지어 폐마저 칼슘이 축적되면서 딱딱하게 굳어지게 된다.

움직이는 동작이 둔해지고 시야가 흐려지는 단계에 이르러 생활하다 보면 걷는 것도 불편해 지고 발이 움직여도 어디쯤 놓여 있는지 모를 때가 있다.

'어떻게 죽을 것인가'를 쓴 아툴 가완디는 질병과 노화老化의 공포는 늙어서 체험해 본 사람만이 알 수 있다고 했다.

질병과 노화의 공포는 첫째 죽음에 대한 공포이다. 그리고 그것은 인간이 감내해야 할 상실에 대한 공포이고 고립과 소외에 대한 두려움이라고 말하고 있다.

죽음에 대한 공포에서 조금이라도 벗어나기 위해서는 평상시에 죽음을 직시하고 성찰하는 철학적 화두를 잃지 말아야 한다. 그것은 조금씩 죽음을 준비하는 마음을 갖고 내려놓아야 한다. 내려놓음을 통해 상실의 두려움에서 벗어날 수 있다.

내가 알고 있던 보살님 한 분은 불교적 신심이 돈독하였다. 남편이 질병으로 세상을 떠나자 많은 유산을 받았지만 재산을 탐하지 않았다.

탐욕을 버리는 마음을 갖고 자식들에게 골고루 나누어주고 자기가 쓸 만큼 재산을 가지고 있었다. 육십이 지나고 고희를 지나 팔십이 되자 거동이 불편했고 남은 생애가 그리 많지 않다는 것을 깨닫기 시작했다. 마지막 남은 집 한 채도 은행에 담보로 맡겨 돈을 찾아 도와줄 사람들에게 조금씩 베풀었다. 임종하기 며칠을 앞두고 손에 끼고 있던 반지도 며느리에게 건네주고 수중에는 장례식을 치를 경비만 남겨놓고 자리에 누워 깊은 잠에 빠져 숨을 거두었다.

병원에 오랫동안 입원하지도 않았고 인공호흡기에 신세도 지지 않았다.

긴 꿈을 꾸듯 깊은 잠 속에서 일생을 마무리하였다.

누구나 생을 마감할 때는 영혼을 제외하고는 아무것도 가지고 갈 수 없다.

모든 것을 세상에 그대로 두고 가야 한다.

보살은 우리에게 빈손으로 가야 홀가분하게 세상을 떠날

수 있다는 것을 교훈으로 남기고 우리 곁을 떠났다.

　거울을 볼 때마다 젊음을 도둑맞는 기분이 든다. 얼굴에는 주름살이 퍼져 있고 지나간 세월의 그림자만 쌓여 있다. 닳고 낡아버린 육신의 빈껍데기만 남아 있는 것 같다.
　세월이 내 젊음을 훔쳐간 것이다.
　젊은 날 모습은 어느 한 군데도 남아 있지 않고 뼈대만 남아 있는 것 같다.
　그 많은 세월이 하룻밤 꿈처럼 지나가고 만 것이다.
　고려시대 보우 선사의 말처럼 인생이 물거품처럼 부질없고 칠십 년이 봄날 꿈처럼 지나고 말았다.

죽음은 천둥처럼 찾아오고
머리 위에 우레처럼 떨어진다

지천명知天命을 지나고 고희古稀를 넘겼으니 오래 산 셈이다.

앞으로 남아 있을 세월이 얼마 될지 예측하기 어렵다.

다만 다가올 세월이 어떤 모습으로 변화시킬는지 두렵고 정신이 번쩍 들게 한다.

육신은 낡은 수레처럼 성한 곳이 한곳도 없고 조금만 움직여도 피곤해지고 몸은 약을 의지하는 병주머니가 되어 있다.

남은 여생을 위해 겨우살이를 준비하듯 마무리를 해야 할 시간이 가까워지고 있다.

세월은 머물러 있지 않고 뒤에서 어서 가라고 손짓을 하는 것 같고 무덤은 어서 오라고 신호를 하는 것이 보인다.

누구나 칠십이 넘으면 죽음이 어둠처럼 스며든다는 것을 깨닫고 살아야 한다. 예고 없이 천둥처럼 내려치는 것이 죽음이다.

이 몸뚱어리가 앞으로 어떤 변덕을 부릴는지 알 수가 없다.

병원 신세를 하다가 눈을 감게 될는지 산길을 걷다가 그대로 주저앉아 입적할는지 예측할 수 없다.

병원에 입원하여 온갖 추한 꼴을 보이다가 소외되고 고립되는 신세로 전락해 버릴는지 생각만 해도 끔찍하다.

이름을 밝힐 수 없지만 덕과 지혜를 갖춘 선지식 몇 분이 오랫동안 병원에 계시다가 입적한 것을 본 일이 있다.

그분들은 앉아서 벗고, 서서 가는 좌탈입망坐脫立亡의 입적入寂을 보이지 못했다.

생사의 자유나 해탈을 입증하지 못하고 입적한 것이다.

입적하는 모습만 가지고 수행과 깨달음의 가치를 평가할 수 없고 병원에서 참지 못할 고통을 치르다가 열반했다고 해서 정진을 통해 이룩한 보석 같은 결정체가 없어진 것은 아니다.

다만 생사를 탐구해 온 수행자의 입적은 속스럽지 않고 초탈적이어야 한다.

선종사禪宗史에 등장한 선사들은 대부분 앉아서 벗고 서서 입적하는 해탈의 모습을 보였다.

삼조승찬三祖僧讚 선사는 임종이 다가오자 뜰을 한참동안 걷다가 보리수 나뭇가지를 잡고 그대로 입적하였다. 마치 명상을 하는 사람처럼 너무 자연스러워 지나가는 사람도 스님의 입적을 눈치 채지 못했다.

'해탈의 자유가 바로 이것이다.' 하고 말 없이 보인 것이다.

승찬 선사 이후 선사들의 입적하는 자세는 충격적이고 섬뜩하다.

스스로 육신을 손아귀에 쥐고 있다가 산속에 던져 버리는 자유를 보이고 있기 때문이다.

육신을 한 벌의 헌 옷이라고 생각한 수행인일수록 화장도 하지 않고 산속에 버려 굶주린 짐승들의 요깃거리가 되도록 하라고 유언하였다. 그들의 유언은 듣는 사람에 따라 느낌이 다르겠지만 육신을 홀대하는 모습에 전율을 느끼지 않을 수 없고 섬뜩한 생각마저 든다. 마치 육신을 짐승들에게 반환하듯이 아낌없이 버리는 자세에 고개가 숙여진다.

늙어서 병원에서 육체의 고통으로 신음하고 산소호흡기에 생명을 연장하고 있는 입장에서 보면 앉아서 가고 서서 가는 입적은 우리를 숙연하게 만든다. 조선조 당시 벽송지엄壁松智嚴 선사의 수제자였던 일선一禪 스님도 제자들에게 "내가 죽거든 산에 내다버려 짐승들이 뜯어 먹게 하라." 하였다.

고한희언孤閑熙彦 선사는 우리들에게 천둥이 치고 죽비로 후려갈기는 임종게를 보이고 있다.

그는 임종을 맞아 화려한 영결식을 꿈꾸고 있는 수행자에게 준엄한 경고의 메시지를 던졌다. 허례허식과 과장과 과시를 좋아하는 사람들에게 매서운 장군죽비를 내려치는 것 같다.

그는 "부질없는 이 세상에 와서 지옥 찌꺼기만 남겨 놓고 간다. 내가 버린 살과 뼈는 저 숲속에 버려 굶주린 산짐승들의 먹이가 되도록 하라."고 당부하였다.

그의 유언 속에는 뼈아픈 뉘우침과 부끄러움이 있고 깊고 깊은 성찰의 철학과 응시와 천착을 통해 얻은 해탈의 자유가 묻어나고 있다. 그리고 육신을 헌 옷처럼 접고 접어서 깊은 산속에 버리고 법신만이 빠져나와 걸으면서, 자기가 버린 육신을 짐승들이 뜯어먹고 있는가, 힐끔 힐끔 쳐다보며 낄낄 웃고 있는 해학적 무애가 우리를 왜소하게 만들고 있다.

자신의 입적을 즐겁다고 역설적으로 노래한 선사도 있다.
육신의 고통에 갇혀 괴로워하는 것이 아니라 자기 죽음을 즐겁다고 말하려면 체험적 깨달음이 뒷받침되어야 한다.
삶과 죽음을 하나로 완성한 사람에게는 육신에서 벗어남이 즐거움이 될 수 있다. 바로 그것이 적멸의 즐거움이다.
풍담의심楓潭義諶 선사는 죽음을 즐겁다고 노래한 선사이다.
죽음을 뒤집고 뒤집어 그 가운데서 살아 있음을 끄집어내는 이 무서운 역설이 한 번도 느끼지 못한 쾌감을 만들어 주고 있다.
"신령스럽구나, 이 물건이여. 죽음이 오니 더욱 즐겁구나."
노래를 한 후, "나고 죽음에 걸림이 없으니 가을 하늘에 달이 밝다."고 해탈의 서정까지 남기고 있다.

여러 가지 죽음의 형태를 보면서 깨닫게 되는 것은 잘 사는 것보다 잘 죽는 것이 얼마나 어려운가 하는 것이다.
살면서 많은 허물을 남겼더라도 죽음을 통해 마무리를 잘하면 삶은 빛날 수 있다.

누구나 빈손으로 가야 한다

몇 명의 권력자의 죽음을 살펴보면 마지막 마무리가 얼마나 중요한가를 새삼 깨닫게 될 것이다.

오랫동안 중국 대륙을 통치했던 마우쩌둥毛澤東이 임종에 이르러 유언한 내용은 세상 사람들을 주목케 하였다. 그는 진시황처럼 화려한 무덤을 바라지 않았다. 육신을 화장하여 재를 고향 산천에 뿌려 달라고 했다.

그는 한 줌 흙으로 돌아가는 것을 깊이 깨닫고 있었다.

죽음을 통해 인간의 삶을 살펴보면 꿈과 같고 물거품 같고 그림자와 같고 아침 이슬과 같고 번개처럼 지나가고 마는 것이다.

마우쩌둥 뒤를 이어 집권한 덩샤오핑鄧小平의 유언도 무상함의 성찰이 담겨 있다. 그도 무덤을 원하지 않았다. 동상도 세우지 말고 시신을 화장하여 생전에 살았던 집 정원에 일부를 뿌리고 남는 것은 양자강과 홍콩 앞바다에 뿌려 달라고 했다.

절대 권력을 잡았던 두 사람은 자기 영혼을 제외하고는 세상에 그대로 두고 가야 한다는 것을 철저히 깨닫고 있었기 때문에 빈손으로 가는 울림이 크다.

그러나 독재자로 명성을 떨친 리비아의 가다피 죽음은 비참했다.

그는 민중의 궐기로 권력을 잃고 지하 터널로 도망을 치다가 목숨을 잃었다.

목숨을 잃는 곳은 평소 거처하던 대통령궁이 아니었다.

그의 시신이 발견된 곳은 시내에 있는 쇠고기를 파는 정육점이었다고 외신은 전했다.

비명횡사로 최후를 비참하게 마친 것이다. 그래서 그는 숨을 거두면서 가족들에게 유언 한마디도 남기지 못했다.

이라크의 후세인도 비참하게 일생을 마친 독재자 가운데 한 사람이다.

미군의 추격을 피해 도망치다가 지하 땅굴 밑에 은신하였지만 결국 발각되어 재판을 통해 중형이 선고되어 형장에서 비참하게 일생을 마쳐야 했다.

그래서 잘 사는 것보다 잘 죽는 것이 어렵다고 한 것이다.

임종을 지켜본 사람들은 잘 죽는 것이 얼마나 힘들고 어려운 일인가를 알고 있다.

한 순간 순간 높은 고개를 짐을 지고 올라가듯 숨을 몰아쉬고 내뱉는 것이 얼마나 힘들고 고통스러운 일인가를 당해보지 않고는 모른다.

누구나 살아있을 때 죽음을 미리 준비하고 몸에 익혀야 한다.

일찍이 몽테뉴도 죽음을 몸에 익히는 것은 자유를 실습하는 일이고, 죽는 방법을 배운 사람은 노예가 되지 않는 방법을 배운 사람이라고 했다.

가부좌를 틀고 앉아서 화두를 참구하다가 입적하고 나뭇가지를 붙들고 서서 열반에 드는 것은 최상급의 죽음이고 열반이다.

가장 품위 있고 존엄한 죽음이라고 할 수 있고 수행인이 죽어서 도달해야 할 최고의 이상 경지이다.

중국 선종사에서 해탈의 자유를 보이고 열반을 연출한 분이 등은봉鄧隱峰 선사와 분양선소汾陽善昭 그리고 관계지한灌溪志閑 선사이다.

이 가운데 은봉 선사의 열반은 경이적이고 충격적이다. 우리의 상상력을 뛰어넘고 있을 뿐 아니라 입적을 예술의 경지로 끌어올리는 입체적 모습을 보이고 있다.

그는 앉아서 좌탈坐脫하는 것을 신통神通하는 일이 아니라고 빈정거렸고, 서서 열반立亡하는 것도 신기神奇한 것이 아니라고 말한 후 거꾸로 물구나무를 이루는 모습으로 입적한 분이다.

누구도 흉내 낼 수도 없고 꾸며서 이루어질 수 있는 일도 아니다.

선소善昭 스님은 임제 선사에게 깨달음을 얻은 눈 밝은 선지식이다.

그는 임제 선사의 제자 간운데 독특한 가풍을 지닌 수행인이었다.

어느 곳을 가도 가부좌를 틀고 정진만 하였다.

특히 절을 보수하고 불사佛事를 일구는데 관심이 없었다. 지붕 위에 기와가 깨지고 서까래가 썩어서 비가 새도 그것을 보수하지 않고 정진에만 몰두한 선사이다. 그를 흠모하고 존경하는 사람들이 찾아와도 관심을 나타내지 않았고 권력자들이 초청해도 응하지 않았다. 그는 모시려고 온 관리들에게 먼저 가라고 손짓을 한 후 몇 발자국 걷다가 입적하였다.

그는 수행자로서 본분을 지키고 세속적 권력과 손잡지 않았으며 끝까지 시류에 섞이지 않았다.

등은봉 선사와 분양 선사의 입적은 「전등록傳燈錄」과 「조당집祖當集」에서 밝혀진 행장行狀이다.

두 선사의 입적의 모습이 선종사에만 기록되었다면 관계지한灌溪志閑 선사의 독특한 입적은 「전등록」과 「조당집」을 비롯해서 중국 역사를 기록한 「당서唐書」에서까지 밝히고 있다.

중국 선사들의 임종을 살펴보면 갈고 닦은 선정禪定의 힘에 따라 독특한 모습을 보이고 있다.

약산유엄 선사는 법당 안을 걸으면서 "법당이 무너지는구나." 하고 소리를 쳤고, 곽산경통 선사는 스스로 다비목을 밭에다 준비해 놓고 불을 놓아 분신하였다.

대부분 사람들은 병상에서 임종을 맞이한다. 숨을 몰아쉬고 고갯길을 오르듯 힘든 순간 속에서 숨을 그친다. 삶과 죽음의 얽매임에서 벗어나지 못한 것이다. 그러나 관계 선사는 죽음을 입체적으로 연출한 대표적 선사이다.

관계 선사는 죽음을 누워서 받아들이지도 않았고 앉아서 기다리지도 않았다.

자리에서 벌떡 일어나 뜰을 거닐다가 입적한 것이다.

초월적 열반의 전형을 우리에게 보인 것이며 해탈의 자유가 바로 이것이라고 입증해 보인 것이다. 상투적이고 습관화되어 버린 고정관념으로 관계 선사의 보행열반步行涅槃을 받아들이기 어렵다.

삶과 죽음의 옷 한 벌을 벗고 보아야만 그의 실체에 접근할 수 있다.

그는 인간의 능력으로 실천할 수 없는 일을 죽음을 통해 실천해 보였다.

생사의 관문을 벗어나 정진을 통해 얻은 깨달음의 결정체를 연출하고 인간의 상상력을 뛰어넘는 경지를 입적을 통해 입증해 보였다.

선정禪定의 힘으로 이룩한 초탈의 모습이며 불가사의한 경지를 입적을 통해 우리에게 실현해 보인 것이다.

이것을 달관이라 하면 너무 미흡하고 초탈이라고 하면 그가 이룩한 경지에 미치지 못한다. 또 해탈이라고 하면 너무 상투적이다.

버리고 버려서 버림이 없는 경지에 이르러 산과 바다를 움직이는 힘과 살리고 죽이는 자재하는 선정禪定의 힘이 만들어 낸 열반의 미학美學이었다.

얼마나 좋으십니까

선적 직관과 예지가 담긴 일언일구一言一句는 서슬 푸른 칼날같이 날카로울 때도 있고 듣기 거북한 역설과 상징과 은유로 표현될 때도 있다.

그리고 언어로 미칠 수 없다고 판단될 때는 할喝로서 그 본질을 드러내기도 하고, 마음으로도 도달할 수 없을 경우는 양구良久로 그 본질에 계합한다.

할喝은 천둥 같은 뇌성雷聲을 의미하고 양구良久는 바위보다 무거운 침묵이다. 그래서 선禪은 상투적인 것을 거부하고 인간의 무한한 상상력을 통해 격식을 파괴하고 일탈逸脫과 파천황적破天荒的인 행위로 나타나는 경우도 있었다.

남전南泉 선사 제자 가운데 대재상을 지낸 육긍대부陸亘大夫란 벼슬아치가 있었다. 그는 스승이 입적했다는 전갈을 받고 남전사로 달려갔다. 스승의 영전에 이르러 예를 갖추고 난 후 "하하하…" 큰 소리로 가가대소呵呵大笑를 하였다. 눈물을 흘리면서 애도를 한 것이 아니라 미친 사람처럼 웃고 만 것이다.

육긍대부의 입장에서는 웃는 것이 참다운 애도라고 생각하였다.

역설의 미학이라 할까.

도오道吾 선사도 점원漸源 스님과 함께 문상問喪을 간 일이 있었다. 도오 선사는 영전에 이르러 관을 모신 곳으로 가서 관棺을 두드리며 "살아 있습니까? 죽었습니까?" 추궁하듯 물었다. 이 무례한 행동을 문상객들은 바라만 보고 있었다.

도오 선사의 문상하는 방법이었다.

우리에게 잘 알려진 조주趙州 선사는 제자 한 사람이 입적하자 장례를 치루는 날 그 행렬에 참석하여 뒤따라가다가 다음과 같이 말하였다.

"수많은 죽은 사람이 단 하나의 산 사람을 쫓아가는군!"

조주의 이 역설적 일구一句를 깊이 있게 이해한 사람이 없었다.

눈 밝은 선지식으로 조계종 종정宗正을 역임한 성철性徹 스님은 생전에 가장 친하게 지냈던 향곡香谷 스님이 입적했을 때 듣기 거북한 욕설이 가득한 역설적 애도시哀悼詩를 바친 일이 있었다.

슬프다. 우리 종문宗門의 큰 도둑이여!
천상천하에 몇 사람이나 있을까.
세상 인연 다하여 팔짱끼고 가니
동쪽 집에서 말이 될 건가, 서쪽 집에서 소가 될 건가?

도반을 종문宗門의 큰 도둑이라고 말하는 서슬 푸른 직관,

도둑이라고 말하는 순간 향곡은 불조佛祖의 위상을 뛰어넘고 있었다.

성철 스님의 육성은 마치 천둥이 내려치는 큰 울림이 있고 주장자로 후려갈기는 통쾌함도 있는가 하면 도반을 극찬하는 들리지 않은 함성이 숨어 있다.

그리고 "죽어서 말이 될 건가? 소가 될 건가?" 묻고 있는 선적 역설이 바로 지축을 움직이고 불조佛祖의 밧줄을 풀어버리는 대기대용大機大用이요, 일체 법칙을 뛰어넘는 돈오頓悟의 함성이라 할 수 있다.

선지禪旨가 담긴 일언일구一言一句는 역설적이고 거칠 때는 거치른 대로 멋이 있고 소리는 작지만 그 울림은 영혼을 뒤집어 버릴 때도 있다.

몇 년 전 송광사 대웅전 뜰 앞에서 구산九山 큰스님의 영결식이 있을 때였다. 영결사가 끝나고 조사弔辭의 순서대로 조계종 신도회장을 맡고 있던 박완일 회장이 조사를 하였다.

그의 첫 마디에 대중들은 웅성거렸고 귀를 의심했다. 왜냐하면 "큰스님!" 하고 절규를 하듯 부르면서 "얼마나 좋으십니까?" 하고 묻고 있었기 때문이었다. 대중들은 잠깐 혼란에 빠졌지만 이어지는 문장은 오해의 소지를 없애고 새로운 감성을 환기시켰다.

"큰스님! 이제 나고 죽음이 없는 세상으로 가셨으니 얼마나 좋으십니까?" 하고 좋다고 표현한 의미를 밝히므로 듣는 사람들의 가슴을 뭉클하게 만들었다.

영결식이 끝나고 신도들은 발길을 옮기며 귀에 대고 속삭이듯 "그래. 나고 죽음이 없는 세상으로 가면 얼마나 좋겠어!" 말을 하자, 또 한 사람의 신도가 화답하듯 "왕생보다 나고 죽음이 없는 세상이 더 좋은 것 같아."하고 말을 하였다.

박완일 신도회장의 조사弔辭 한 마디가 깨달음을 주는 감동으로 이어졌고 그것을 참구할 화두로 가슴에 품고 집으로 돌아가고 있었다.

정대正大 스님이 열반에 들었을 때 나는 그 영전에 "스님! 생멸을 버리고 적멸을 이루어 입적에 드시어 얼마나 즐거우십니까. 그리고 나고 죽음을 벗어나 삼계三界를 왕래하는데 걸림이 없으시니 얼마나 자유스럽습니까?" 하고 추모사를 바친 일이 있었다.

누구나 본분本分 자체에 생몰生沒이 없고 오고감이 없다.

「선가귀감禪家龜鑑」을 쓴 서산西山 스님도 인간이 지니고 있는 자성自性은 본래부터 밝고 신령스러워 일찍이 나지도 않았고 죽지도 않았다고 했다. 그래서 나는 스님의 영전에 생멸이 없는 세계로 가셨으니 얼마나 즐거우시냐고 반문하였고 생사의 지배를 받지 않고 오고가는데 걸림이 없으시니 얼마나 자유스러우냐고 말했다.

그리고 생멸이 없는 세계에서 무생법인無生法忍의 안락을 누리시니 얼마나 평화로우냐고 물었던 것이다.

스님은 자신의 생애가 얼마 남아 있지 않다는 것을 깊이 깨닫고 있었다.

짧은 시간을 통해 미래를 앞당겨 살아야겠다는 지혜가 일상을 통해 발휘되었고 생을 마감하는 마무리를 서서히 시작하고 있었다.

죽어서 이루어지는 자신의 비碑와 부도浮屠도 제자나 문도들에게 맡기지 않고 생전에 미리 준비하였고 버릴 것과 내려놓을 것을 미리 정리하였다.

눈 밝은 수행자를 제외하고는 자신의 입적을 앞두고 자기정리를 깨끗이 한 수행자는 그리 많지 않다. 임종이 임박해서 서둘다 보면 알지 못했던 것을 알게 되고 드러나지 않았던 것들이 밖으로 드러나 주위 사람들을 실망시키는 경우가 많았다. 그래서 스님은 문도나 제자들에게 폐가 되지 않도록 홀가분하게 떠날 수 있도록 준비를 하고 있었다.

그것은 스님이 젊은 날 가부좌를 틀고 앉아 내심자증內心自證한 선정禪定의 힘이었다.

비록 사판事判에 오랫동안 몸담고 있었지만 일상을 통해 풀어낸 선지禪旨는 탁월했고 일기일경一機一境의 언어는 한 번도 핵심을 벗어나지 않았다. 이러한 선정禪定의 힘은 생사에 집착하지 않게 하였고 비어 있어야 홀가분하게 떠날 수 있음을 체감하고 있었다.

임종 전 오랫동안 병상에 있었으나 앓고 있다는 모습을 찾아볼 수 없고 삶의 운치와 여유가 묻어났다. 그리고 누구보다 안목이 넓고 깊은 가슴과 포용심으로 사람을 대하였다.

사람에 따라 보는 평가가 다르겠지만 스님은 남달리 천진하고 소탈하고 겸허한 인품을 지니고 있어 자만한 모습이 드러나지 않았다.

보통사람으로서 미칠 수 없는 온유한 자비와 훈훈한 덕이 있었는가 하면 범인들이 근접할 수 없는 달관의 모습도 있고 흉내 낼 수 없는 초탈이 있었다.

스님은 상대의 근기를 살피고 마음을 읽는 능력이 탁월했다.

그것은 선禪을 통해 깨달은 지혜였다.

하나를 버리고 둘을 얻는 염일방이拈一放二의 지혜와 기략을 갖추고 있었고 하나를 바탕으로 해서 셋을 밝히는 거일명삼擧一明三의 안목이 있어 상대의 마음을 읽는 능력이 비범했다.

오늘날 총무원 청사로 사용하고 있는 역사기념관은 총무원장 재직시 이루어진 업적이다. 투철한 안목과 번득이는 기량, 그리고 친화력으로 상대의 마음을 절복折伏하고 감화시키는 능력은 스님만이 지니고 있는 대기대용大機大用이었다.

스님은 임종에 다다라 육신이 마음대로 움직이고 있지 않음을 깨달았고 몸뚱어리가 자신을 가두고 옭아매는 사슬이란 것을 직시하고 성찰하였다.

인간의 육신은 누구를 막론하고 늙으면 시들고 메말라 가는 질병의 주머니이다. 육신의 굴레에서 벗어나는 화두를 들고 깊이깊이 참구하였다.

따지고 보면 육신은 헌 누더기 한 벌과 다름없다.

비록 죽음을 입체적인 모습으로 나투는 좌탈坐脫이나 입망立亡은 할 수 없지만 육신의 고통에 집착하여 갇히기 싫었다.

아픔을 참고 고통을 안으로 삭히므로 영혼의 빈터가 보였다. 그것은 숨을 거두고 난 후 이루는 적멸의 깊은 공적空寂이었다.

스님은 자신의 임종게 첫 구절을 "천지가 꿈을 꾸는 집"이라고 읊었다.

그리고 이 세상을 떠나는 순간을 "꿈에서 깨어나는 날"이라고 하였다.

고려시대 나옹 스님은 자신의 임종게를 통해 "80년 만에 고향으로 돌아간다."고 하였고 태고보우太古普愚는 자신이 살았던 세월이 "봄날 단꿈과 같다."고 하였다. 그리고 조선조 휴정休靜 선사는 일생동안 지녔던 모든 생각이 '활활 타고 있는 불속에 한 송이 눈이 떨어진 같다.'고 하였다.

깨달음을 이룩한 수행자일수록 죽음을 통해 초탈함을 보이고 해탈의 역설을 쏟아 내었다.

중국의 어떤 선사는 "지난밤 불길이 허공을 태웠는데 불속에 뛰어들어 목욕을 했다."고 했으며, 또 어떤 선사는 "알을 품은 금닭은 구름 밖에서 노래하고 새끼 가진 목마木馬는 불 가운데서 잠을 잔다."고 읊고 있다.

격외格外적인 역설, 아이러니가 담긴 함의는 깨달음의 미학으로 승화되고 있다.

한때 머리를 깎고 수행을 했던 고은高銀은 그의 시작詩作노트에서 다음과 같이 밝힌 일이 있다.

"나는 장례식 또는 임종 따위에서 거의 광기로 몰두하였다. 사람이 죽는 일, 죽은 사람을 묻는 일이 나에게는 최상급의 희열을 얻게 해 주었다. 이런 해괴한 경향은 나의 승려 생활에서 만들어진 악습이었을지도 모른다."

아이러니와 역설을 일삼는 일부 선사들의 행동은 무애의 차원을 넘고 일반적 상상력을 뛰어넘어 파천황적인 모습으로 나타나기도 한다.

선종에서 잘 알려진 보화 존자普化尊者는 때로는 일탈逸脫을 일삼기도 하였고 때로는 파격적 행위로 임제 선사를 당혹하게 만들었는가 하면 입적入寂은 파천황적인 극치를 보이기도 하였다.

그는 입적이 가까워지자 대중들에게 "나에게 옷 한 벌을 시주해 줄 사람이 없느냐?"고 했다. 많은 사람들이 새 옷을 지어서 받쳤으나 "내가 원하는 옷은 그것이 아니다."고 거절하였다.

이 소식을 전해들은 임제 선사는 직감적으로 보화가 입적할 때 입고 갈 관棺을 원하고 있음을 알았다. 어느 날 보화 존자가 방문하자 "자네가 구하는 옷 한 벌을 마련했다."며 관棺을 건네주었다.

보화 존자는 관棺을 어깨에 메고 동문東門과 서문西門을 옮겨 다니며 입적에 들겠다고 선언했다. 어느 날 그는 공중으로 솟아올라 입적에 들었다. 사람들이 모여 그의 모습을 찾아보았지만 빈 관棺만 있었다.

이것을 전신탈거全身脫去라고 한다.

「전등록傳燈錄」 보화 존자의 행장에는 그가 입적했다는 소식을 듣고 달려가 보았으나 빈 관棺만 있고 그의 육신은 어디로 사라졌는지 알 수 없었다고 전하고 있다.

그는 분명히 생사의 굴레에서 벗어나 자신이 원하던 곳으로 걸어간 것이다.

삶과 죽음을 완성하지 않고는 보화처럼 육신에서 아름다운 자유를 풀어낼 수가 없다. 그의 입적은 초탈적이고 해탈의 전형이라고 말할 수 있겠지만 한편으로는 육신을 종이처럼 구겨서 사람이 볼 수 없는 곳에 팽개쳐 버리고 법신만 자유스럽게 유희한 것 같다.

섬뜩하고 몸에서 전율이 일어나는 것을 감출 수 없다.

고려시대 태고보우太古普愚 선사는 그의 임종게에서 죽음에 다다라 자신의 육신인 가죽부대를 활활 타고 있는 불속에 버리니 붉은 해가 서산으로 넘어간다고 하였다.

누구나 죽고 나서 화장장에서 화장을 하고 나면 타다 남은 것은 뼈 몇 조각뿐이다.

그것을 쇄골하면 한 줌의 재뿐이다. 이것을 인간의 근원이라고 말할 수도 없고 허망하고 허망한 소멸의 미학이라고 말하는 것도 적절치 않다.

그러나 인간에게는 눈으로 볼 수 없는 생명의 본원本源이 있다. 그것을 불교에서는 법성法性이라고 한다. 법성은 시간을 초월하여 눈앞에 있는 만물에 편재해 있다. 그래서 인간의 영혼은 어디에서도 태어나지도 않고 죽지도 않는다고 했다.

임제 사상을 발전시키고 계승한 대혜종고大慧宗杲, 1089~1163는 다른 선사들과 달리 사랑한 제자의 입적 앞에 인간의 슬픔을 쏟아 내고 있다. 선지禪旨를 제거한 인간적인 슬픔과 통곡이 읽는 사람으로 하여금 죽음을 애도케 하고 있다.

그의 슬하에는 많은 제자가 있었는데 그 가운데에서도 조린祖麟이라는 제자를 끔찍하게 사랑하였다.

조린은 스승의 바람에 보답하지 못하고 병들어 입적하고 말았다. 대혜는 대중들과 함께 다비를 하였고 게송을 지어 그의 영전에 받쳤다.

목주睦州의 한 조각 널빤지를 짊어지니

떠나가는 그대를 만 마리 소로도 끌어낼 수가 없구려.

조사 문하에 참다운 기린이며

인천에 바른 안목이 될 만한 인재였네.

대혜는 관棺 속에 들어가 화장막으로 옮겨가는 제자를 만 마리 소로도 끄집어낼 수 없다고 애도하고 있다.

제자를 잃은 슬픔이 너무 컸던 모양이다. 만 마리 소로도 제자를 끄집어낼 수 없다는 대목이 가슴을 울린다. 선禪으로 수식되고 포장된 말보다 훨씬 감동이 있고 울림의 진폭이 크다.

임종은 육체의 변화이다. 죽음은 육체에 있어서 가장 큰 변화이다.

지금도 우리는 육체의 변화를 경험하고 있다. 그래서 키케로는 임종이 우리에게 주는 것은 종말이 아니라 변화라고 했다. 영혼은 육체 속에 자기 집처럼 사는 것이 아니라 잠시 머무는 것처럼 살고 있는지 모른다.

시심마 일기

백담사 무문관,
시심마是甚麽 일기日記

눈앞에 있는 만물은 시시각각 변화하고 해마다 새롭게 태어난다.

머물러 있는 것 같지만 움직이면서 변화의 운행을 멈추지 않고 있다.

새롭게 태어나기 위해서는 묵은 껍질을 벗고 새롭게 태어나는 진통을 치러야 한다.

집착의 늪에 갇혀서 깨어나지 못하면 흐름이 멈추고 정체에 빠져 퇴행을 면할 수 없다. 언제나 편안함 속에는 정체와 타성이 들어있다.

자기를 변화시키기 위해서는 전통이나 인습을 타파하고 새로운 것을 추구하는 깨어 있는 정신이 있어야 하고 그동안 몸과 마음으로 익혀 온 그릇된 습관을 버려야 한다.

우리의 정신이 새로운 것을 추구할 때 삶은 향상되고 심화되었다.

솔직히 말해 나는 반복되는 일상 속에 갇혀 있었고 몸에 익힌 그릇된 습관과 인습으로 인해 정체되어 있었다.

새로운 변화가 필요했다. 나를 정신적으로 뜯어고치지 않고는 끝없는 나락으로 침몰될 것 같았다.

새로운 변화를 통해 잠재해 있는 나를 일깨우지 않고는 번뇌 속에서 살다가 죽음을 맞이할 것 같았다.

사람을 변화시키는 힘은 자기 안에 있다. 자기를 새롭게 일으켜 세우는 것도 마음이고 자기 자신이다.

자신을 변화시키는 선적禪的 가치가 필요했고 그 가치를 이루기 위해서는 선방禪房으로 들어가지 않을 수 없었다.

내적 성찰과 자기를 탐구하는 화두를 들고 비본질적인 것을 털어내지 않으면 새롭게 태어날 수 없다는 것을 깨닫기 시작했을 때 내 삶의 일몰日沒이 시작되고 있었다.

육십을 넘기고 칠십을 바라보는 나이를 생각할 때 죽음이 어느 날 천둥처럼 찾아올는지 알 수 없었다.

살아 있을 시간이 그렇게 많이 남아 있지 않다는 것을 깨달은 것은 법정 스님의 입적을 듣고서이다.

스님은 한국불교 정신을 이끌었던 분이고 수행 생활도 깔끔하고 독특하였다.

스님이 중병을 앓고 있다는 소문은 절친한 지인을 통해 들었고, 미국으로 건너가 수술을 하고 건강이 호전되었다는 이야기를 들었지만 끝내 버티지 못하고 병원에 입원해 있다는 소문이 돌았다.

그리고 제자들이 「아름다운 마무리」란 책을 편찬한 것을 보고 그의 생애가 얼마 남아 있지 않았다는 것을 깨달았다.

그리고 오랫동안 스님을 모셨던 청학 스님이 전화를 통해 스님을 면회하고 나온다면서 한마디 말도 할 수 없이 기력을 잃고 종이에다가 "생사는 하나이다."라고 적어준 쪽지를 받았다고 전해 주었다. 그의 임종이 다가왔음을 직감할 수 있었다. 스님은 그날 밤을 넘기지 못하고 우리 곁을 떠나고 말았다.

그 뒷날 길상사로 운구를 했다는 전갈을 받고 그가 거처하던 방으로 문상을 갔을 때 스님은 승복을 입은 채 대나무 돗자리 위에 편안히 누워 있었다.

숨을 거둔 사람이라고 볼 수 없었다. 너무 편안하고 평화스러워 보였고 삶과 죽음을 마음속 깊은 곳에 감추어 버리고 죽음보다 깊은 잠을 자고 있는 것 같았다.

그는 다른 선사들과 달리 자기 마무리를 깔끔하게 정리하고 입적을 한 대표적 수행자라고 할 수 있다. 그리고 마무리하는 방법을 다음과 같이 피력하고 있다.

아름다운 마무리는 처음의 마음으로 돌아가는 것이다.
일의 과정에서 길의 도중에서 잃어버린 초심을 회복하는 것이다.
아름다운 마무리는 근원적인 물음 "나는 누구인가?"하고 묻는 것이다 … 아름다운 마무리는 내려놓음이다 … 아름다운 마무리는 비움이다 … 그리고 아름다운 마무리는 언제든 떠날 채비를 갖춘다 … 언제든 빈손으로 떠날 수 있도록 준비한다 … 빈 가지도 때가 오면 또 다시 새잎이 돋아날 것이다. 그리고 아름다운 마무리는 낡은 생각 낡은 습관을 미련 없이 떨쳐 버리고 새로운 존재로 거듭나는 것이다.

그가 남긴 '아름다운 마무리'의 내용을 살펴보면 깊은 성찰이 묻어나고 오랫동안 정진을 통해 체득한 지혜가 읽는 사람의 마음을 움직이고 깨달음을 주면서 인생을 마무리할 때 모든 사람들이 지녀야 할 철학적 화두를 던지고 있다.

처음 마음으로 돌아가고 초심을 회복하는 일, 그리고 자기 본래면목을 잃지 않기 위해서는 "나는 누구인가?"하고 근원적 물음을 놓지 말아야 함을 주문하고 있다. 그리고 내려놓고 비워야 빈손으로 어디에도 얽매이지 않고 떠날 수 있음을 깨우쳐 주고 있다.

문상을 하고 나오면서 삶과 죽음에 대해 직시하고 성찰해야겠다는 각오를 했다. 이규보가 이야기 했듯이 삶과 죽음이 하룻밤 꿈같았다.

그는 누구보다 인간과 자연, 그리고 환경문제를 깊이 고민하고 사유와 명상을 바탕으로 저술한 50여 권의 책을 다시 출판하지 말라고 하였다. 마치 부처님이 49년간 설법을 해놓고 한마디도 설한 것이 없다는 것과 일맥상통한다.

훗날 책을 통해 제기될 수 있는 논란을 미리 차단한 것이다.

그러나 그가 우리에게 보여준 인간 내면을 살피는 깊은 성찰과 피나는 정진과 사유를 통해 제시한 깨달음의 가치는 오랫동안 평가 받을 것이다.

솔직히 말해 그는 대중과 어울리는 수행인이 아니라 독거獨居를 좋아했고 괴팍하고 깔끔한 성격 때문에 동료 스님들과는 잘 어울리지 않았다. 그리고 한 번도 솔직하고 진솔한 자기 내면을 드러낸 일이 없었다.

그가 처음으로 인간적 면모를 밝히고 드러낸 것은 「아름다운 마무리」란 수상집에서였다.

병을 치료하면서 나는 속으로 염원했다. 이 병고를 거치면서 보다 너그럽고 따뜻하고 친절하고 이해심이 많고 자애로운 사람이 되고자 했다. 인간적으로나 수행자로서 보다 성숙해질 계기로 삼고자 했다. 지나온 내 삶의 자취를 돌이켜보니 건성으로 살아온 것 같다. 이웃에 필요한 존재로 채워져야겠다고 마음먹었다.

스스로 모난 부분을 살피고 부족했던 점을 자책하고 자성하는 법정 스님의 적나라한 인간적 모습이 그대로 드러나고 있다.

나는 끝내 법정의 영결식에 참석하지 못하고 백담사 무문
관으로 들어갈 준비를 하였다.

　겨울 한철 내 몸에 배어 있는 묵은 껍질을 걷어내고 본래
자아로부터 일탈해 있는 자신을 본래 모습으로 되돌리는 탐
구를 해야겠다고 조촐한 서원을 세웠다.

　서울을 출발할 때만 해도 가벼운 마음이었다.

　독방에 갇혀 그것도 문을 잠근다고 하니까 남들의 시선을
의식할 필요가 없었고 밤낮을 가리지 않고 화두를 들 수 있다
는 것이 안도감을 주었다.

　왜냐하면 자고 싶으면 자고 책 보고 싶으면 책을 읽고 좌
선할 생각에 사로잡히면 가부좌를 틀고 앉아 있으면 된다.

　어떤 틀에 얽매이지 않고 방에서 만큼은 제도나 규율 규칙
이 없어 독방의 자유가 있다는 것이 나를 안정시켰다.

　2010년 11월 19일, 백담사로 들어가는 첫 입구인 용대리에
서부터 새로운 체험이 시작되었다.

　내가 탐구하여 찾고자 하는 것 그리고 깨닫고자 하는 것이
눈앞에 드러나 있었다. 그동안 책을 통해 깨닫고 있었지만 눈
앞에 보이는 것이 깨달음으로 다가서는 것은 처음이었다.

　그것은 촉목보리觸目菩提의 세계였고 목격도존目擊道存의 진
리였다.

　눈앞에 보이는 것이 깨달음이요. 눈앞에 있는 것이 그대로

진리란 뜻이다.

여기 오기 전에 나는 없는 것을 새롭게 이루고 만들고자 하는 마음도 없었고 숨겨 놓은 것을 찾아내야겠다는 생각도 없었다.

선禪이란 새로운 것을 창조하는 것도 아니고 숨겨 놓은 것을 찾는 것도 아니기 때문이다.

본래 이루어진 것을 내심을 통해 확인하고 증득하면 되는 것이다.

눈앞에 펼쳐진 내설악內雪岳 풍광은 모든 것을 드러내 놓고 있었다. 하나도 숨김이 없었고 일기일경一機一境을 통해 실상의 묘용을 나타내고 있었다.

울창하게 서 있는 나무를 통해 배움은 시작되었다.

푸르고 푸르던 나뭇잎들은 오색 물감으로 변했다가 낙하를 통해 나목으로 서 있었다. 다만 제 몸을 떠나지 않은 잎들만이 바람이 불면 전지剪枝를 하듯 제 몸을 떠나가는 것을 볼 수 있었다.

세찬 바람이 불 때면 소나기가 쏟아지듯 떨어지고 꽃잎처럼 휘날리며 낙하하는 것을 눈여겨보았다.

늦가을은 침묵을 익히고 공적空寂을 체험하는 계절이다.

스스로 전지剪枝와 낙하를 거듭하면서 벗을 것 다 벗어버리고 침묵과 공적을 이루는 계절이 늦가을 풍경이다

침묵은 인간의 내면의 통로를 열어 근본을 사색케 하고 공

적空寂은 내심자증內心自證을 통해 우리를 자성의 근저에 이르게 한다.

그래서 초겨울 산천은 모든 장식을 제거하고 본체의 아름다움만 드러낸다.

자연은 수행자에게 위대한 선지식이다. 사계절의 변화를 통해 열고 닫는 섭리를 깨닫게 하고 조락을 통해 인생의 부침과 영고성쇠를 깨닫게 한다.

일초일목이 절대적 가치를 지니고 있다면 눈앞에 보이는 것이 그대로 부처요 법신불이다. 그리고 설법이 따로 있는 것이 아니다. 때로는 바람이 무정설법을 전해 주고 물소리가 그대로 깨달음의 법음이다.

올라갈수록 울창한 숲은 다가서고 계곡은 깊어진다. 누가 이곳에 길을 열고 계곡을 만들었을까. 분명히 천기天氣가 움직여 바람과 구름이 일고 천둥이 쳐서 길을 내고 암벽을 부수는 벼락이 쳤을 것이다.

한참동안 고갯길을 돌아 올라갔지만 그때마다 다가서는 것은 산山의 신령스러움과 계곡에서 스며오는 차가운 골기骨氣였다.

잠깐 쉬기 위해 자리에 앉아 있으니 봉정에서 시작된 바람이 천불동을 거쳐 다시 방향을 틀어 계곡을 타고 내려오고 한쪽 귀로는 귀천歸天을 하기 위해 어제 저녁에 나섰던 쇠북소리가 하늘을 오르다가 숨이 차서 다시 하강하는 소리가 들렸다.

눈앞에 가득 찬 나무들은 비울 것 다 비우고 벗을 것 다 벗은 채 다 내려놓고 좌탈坐脫이 아닌 입망立亡으로 서 있었다.

백담사 무문관에서 그와 함께 한철을 지내기 위해 나섰는데 쉬는 동안 내 마음에서 빠져나가고 없었다.

무문관 방문을 열고 들어서자 그는 가부좌를 틀고 앉아 있었다. 나보다 먼저 와 있었다.

걸망을 내려놓고 자리에 앉자 낯선 침묵이 반색을 하며 물러섰다. 그 침묵은 다시 나를 가득 채울 것이다. 그리고 가부좌를 틀고 앉아 그가 있었던 시원始源을 알기 위해 공겁空劫 밖으로 걸어갈 것이다.

그는 내가 태어나기 전에도 있었고 어둠이 없는 곳에서 생멸이 없이 살고 있었다.

무슨 인연을 맺어 내 안에 들어와 주인主人이 되었는지 모른다.

어느 날 새벽에 그가 밖에 나갔다가 들어온 것을 눈치 채고 찾아보았지만 소재所在를 알 수 없었다.

살아도 늙지 않고 죽어도 생멸이 없는 빈 모습으로 살고 있어 그 모습이 드러나지 않았다.

그를 찾아 깨달음을 얻은 마조馬祖는 '마음' 이라 했고 임제臨濟는 '무위진인無位眞人' 이라 부르고 암두岩頭 스님은 '암자庵

子 속에 늙지 않은 늙은이'라고 했지만 그는 원래 이름이 없었다.

그래서 서산西山 스님은 그의 대표적 저서인 「선가귀감」에서 이름도 지을 수 없고 모양도 볼 수 없다고 했다.

마조는 마음이 부처라고 선언하자 많은 수행인들이 '마음이 부처'란 틀 속에 갇히자 '마음도 아니요 부처도 아니라' 했고 조선조 함허득통 선사는 "그는 안과 밖, 중간 그 어디에도 없고 과거 · 현재 · 미래 그 어디에도 없으며 온 누리를 두루 보아도 있는 곳이 없다."고 했다. 또 한 사람의 눈 밝은 선지식인 영허 선사는 "모든 부처가 이곳에서 비롯되었고 중생 속에 들어가선 주인主人이 되었다."고 했다.

그러나 임제臨濟 선사는 이것을 찾으면 멀어지고 구하면 잃게 된다고 하면서 펼치면 온 법계를 감싸고 남음이 있으며 호젓이 밝아 한 번도 모자람이 없다고 했다. 그리고 성자라고 부르는 신라의 원효 스님은 자신의 대표적 저서인 「기신론」에서 "있다고 할까, 한결같은 모습이 텅 비어 있고, 없다고 할까, 만물이 이로부터 나온다."고 했다.

그래서 임제 선사는 "눈으로도 볼 수 없고 귀로도 듣지 못한 이것을 무엇이라고 불러야 하겠는가?" 하고 되묻고 있다.

바위처럼 앉아서 천년을
한 생각 속에 이루게 하라

새벽 3시 반에 일어나 앉아 있으니 간밤에 나와 함께 머물렀던 고요가 방 안으로 흩어져 있다가 밖으로 나가지 못하고 다시 한구석에 자리를 잡고 앉았다.

감옥의 독방과 다름없었다. 거기다가 출입하는 문을 잠가 놓았기 때문에 나갈 곳이 없었다. 다만 낮이면 햇빛이 염치도 없이 찾아들었다가 슬며시 사라지고 만다.

아침이 밝았지만 하늘을 볼 수 없고 새소리만 간간히 들렸다.

무문관에 들어와서 처음 듣는 새소리였다.

독방에 갇혀 있지만 사색의 공간은 무한대로 확대되었다. 그만큼 나를 살피는 시간이 많아졌고 그동안 반복된 일상으로 굳어진 나의 모습과 습관의 중독이 된 일부의 나의 모습을 볼 수 있었다.

3개월 동안 나를 엿보는 사람이 없을 것이다. 사람들을 통해 보고 듣는 대상이 없어 조금씩 마음이 안정되었다.

그동안 보고 듣는 것에 얽매여 자유스럽지 못했고 보고 듣는 내용에 따라 일희일비했기 때문이다.

먼저 내 나름대로 시간표를 만들어 3개월 동안 실행해 보기로 나에게 다짐하였다. 만약 스스로 지키지 않으면 내 스스로에게 한 약속은 깨지고 말 것이다.

시간표는 좌선할 시간에 많이 할애했고 화두話頭는 '시심마是甚麼'를 들기로 하였다.

"내가 누구인가?" 하고 묻는 근원적인 질문이다. 비록 그가 소재所在가 없고 모양이 없지만 묻고 찾아보기로 했다.

임제 선사가 말했듯이 볼 수 없고 들을 수 없어 무어라고 불러야 하겠는가 묻고 있듯이 '그것은' 내 안을 떠나지 않고 있다.

비록 찾으면 멀어지고 구하면 잃게 되더라도 사유를 통해 탐구하지 않을 수 없다.

화두를 참구하다가 혼침昏沈과 도거掉擧에 빠지더라도 나는 그것을 받아들이기로 했다. 그동안 몸과 마음으로 익힌 업業이 삭고 삭아서 없어질 때까지 혼침과 도거에 빠져 화두를 잃고 또는 잃는 반복을 거듭거듭 하기로 생각했다.

열한 시가 되자 창문 한쪽에 뚫어 놓은 구멍으로 점심 도시락이 들어왔다.

이곳에 와서 독방에서 홀로 맞이하는 공양 시간이었다. 앞으로 하루 한 끼만 먹고 석 달을 버티어야 한다.

원효 스님은 「발심수행장」에서 창자가 끊어지는 아픔이 있더라도 밥을 구하는 생각을 버려야 초심으로 돌아가는 마음이 일어난다고 하였다.

좌선하는 사람에게는 누구나 할 것 없이 큰 바위처럼 무거운 침묵이 있어야 하고 그 자리에서 일어나지 않고 목숨을 버리겠다는 근기가 있어야 한다.

그리고 참고 기다리는 불퇴전의 신념이 있을 때 생사의 관문은 열리게 된다.

「벽암록碧岩錄」의 저자인 원오극근圓悟克勤 선사는 심요心要에서 밝히기를 허망한 속박을 벗고 생사의 소굴을 부수려면 첫째 근기가 매서워야 하고, 둘째 영원토록 물러서지 않겠다는 서원을 갖추어야 한다고 강조하고 있음을 참학자는 주목해야 한다.

원오극근 선사는 선종사에 등장된 인물 가운데 고통을 치르고 깨달음의 가치를 얻은 선사禪師들의 기연機緣을 소개하고 있다.

오조홍인五祖弘忍에게 깨달음을 인가받고 육조六祖로 등극한 혜능慧能 선사는 어깨에 돌을 짊어지고 방아를 찧었고 물을 길러 나르다가 어깨에 피부가 벗겨나가는 고통을 참았고, 장경혜능長慶慧稜 선사는 설봉의 슬하에서 15년 동안 좌복이 일곱 개나 닳고 닳도록 앉아서 참구를 멈추지 않아 엉덩이의 살이 빠져나가고 고름이 피범벅이 되어 뼈가 보이는 고통을 참으면서 화두話頭를 참구하였다. 향림香林 선사는 매일 쉬고 나날이 덜어내는 정진을 계속하여 의심이 없는 곳에 이르는 데 40년이 걸렸다고 한다. 그리고 어떤 선사들은 목숨을 버리는 용맹함을 보이기도 하였다.

활활 타고 있는 불속에 몸을 던진 수행자도 있었고 자기 육신을 호랑이 먹이로 바칠 만큼 용맹함을 보였다고 심요心要에서 여러 차례 밝히고 있다.

그러나 내 안을 뒤져 보아도 세월을 깔고 앉아 큰 바위처럼 침묵하고 있는 무서운 끈기도 없고 신념도 없다.

비바람이 몰아쳐도 눈 한 번 뜨지 않고 칼바람이 불고 눈보라가 휘몰아쳐도 미동도 하지 않은 큰 바위 같은 부동심不動心이 없다.

창밖에서는 바람이 성난 파도처럼 지나가고 성난 짐승처럼 칭얼대었다.

마음속을 빠져나가는 상념을 붙들어 제자리에 앉히고 심지心地가 흔들리지 않도록 화두를 계속 참구하였다.

원오극근 선사가 말했듯이 생각을 덜어내고 놓아 버리지 못한 것을 더욱 내려놓고 비워서 밑바닥이 보일 때까지 비워야 뼈마디인 실상이 보일 수 있다.

조그마한 신근이 쌓이고 진실이 씨앗이 되어 싹을 틔울 만큼 사무친다면 견고한 신념으로 변할 것이고 탐구와 천착이 깊어진다면 막혀 있던 관문은 열릴 것이다. 가부좌를 틀고 앉아 일념一念이 만년萬年이 되게 하고 만년萬年이 일념一念이 되는 무념무상으로 순일무잡純一無雜하게 정진이 깊어지면 백척간두에 이르게 될 것이다. 그리고 배워서 안 것과 얻고 잃음의 틀을 버리고 백척간두에서 손을 놓아 버리고 한 발자국 옮기면 몸을 바꾸는 출신出身의 길이 열릴 것이다.

석상石霜 스님은 참선하는 수행납자들을 만날 때마다, "쉬어라. 푹 쉬어라. 입술에 곰팡이가 되도록 쉬고 일념이 만년萬年이 되고 만년이 일념 속에 이루어지면 생사가 한 덩어리가 될 것"이라고 누누이 강조한 뜻을 되새겨 보았다.

깨달음을 얻은 선사들을 보면 한결같이 가부좌를 틀고 앉아 화두를 참구하는 것을, 마치 큰 망치로 두들기고 쇳물이 펄펄 끓는 용광로 속에서 단련하는 일로 생각했고 뼈를 잘라내고 골수를 취하는 것 같이 하였음을 알 수 있다.

화두話頭는 마음의 바탕을 여는 열쇠이다. 그 열쇠는 누가 주는 것이 아니다. 자신 안에 있는데도 보지 못하고 자기 손에 있으나 자유롭게 쓰지 못하는 것이다.

마음의 바탕에는 무진장의 보배창고가 있다. 그 안에는 온갖 지혜와 덕德이 갖추어 있고 써도 써도 줄어들지 않는다.

이것은 구한다고 얻어지는 것이 아니다. 구하면 구할수록 어둠을 만나게 되고 알음알이에 떨어지게 될 것이다.

원오극근 선사가 말했듯이 모든 사람의 보배 창고는 예부터 지금까지 역력하고 텅 비어 항상 밝고 신령스럽다고 했다.

창밖에는 칼날 선 바람이 파도처럼 지나가고 다시 문 앞에서 칭얼대고 있다.

한참동안 불던 바람이 그치고 숨어 있던 적막이 엄습하였다.

바람이 모든 것을 쓸고 간 빈터가 보였다. 그것은 영혼의 빈터같이 소리도 없고 울림도 없었다.

가부좌를 틀고 앉은 지 벌써 두 시간이 지나가고 있었다. 일념一念 속에 만 년이 이루어지지 않았지만 사유가 깊어지니 두 시간이 일순간에 지나가 버린 것이다.

무문관에 들어온 지도 벌써 한 달이 다 되어 가고 있었다.

부처와 조사의 틀 속에 갇히지 말라

탐구의 목적은 본질을 찾는데 있고 그 본질의 탐구를 통해 새롭게 태어나려면 자기 자신이 사유의 틀 속에 갇혀 있는지 점검해야 한다.

특히 선방禪房에 앉아 정진을 하는 사람들은 조사祖師의 어록에서 자유스러워져야 하고 부처와 조사에 얽매여 있는지 반문해 보아야 한다.

선禪은 모방이 아니고 창조이고 마음의 바탕을 통해 본래적 자기를 직관적으로 증득하는 행위이다.

만약 부처와 조사를 닮으려고 한다면 덕산德山의 봉棒을 피하기 어렵고 임제의 할喝에 영혼이 찢기고 말 것이다.

누구나 한 가지의 일에 몰두하고 반복하면 습관이 이루어지고 그 습관은 중독성을 갖게 된다. 그리고 정신적 행위는 인간의 뇌리에 축적되고 DNA의 일부가 된다는 것이 과학자들의 설명이다.

자기를 변화시키는 선적禪的 가치를 추구해야 한다.

변화를 추구하지 않고 구태의연한 틀에 갇혀 있게 되면 선禪은 생명력을 잃고 만다.

여기서 누구라고 밝히기 어렵지만 이름이 알려진 선사들의 법문을 듣고 실망한 일이 한두 번이 아니었다. 그리고 깨달음을 담아내는 일기일경一機一境도 그렇고 그 내용은 중국 선사들의 깨달음의 일화를 벗어나지 못하였다. 너무 상식적이고 모방의 차원을 넘어서지 못하고 있었다.

중국 선사들이 이룩한 깨달음의 가치의 틀 속에 안주하고 있음을 볼 수 있었다.

격외적格外的 상상력을 보이지 못한 것이다.

그리고 자아를 좀 더 큰 대승적 자아로 확대하지 못하고 거기다가 자기의 원음原音이 없었다.

무엇보다 시급한 것은 중국 선사들이 만들어 놓은 깨달음의 틀 속에서 벗어나 자주적 부처로서 자기의 목소리를 갖고 가풍을 갖는 일이다.

살아있는 믿음은 어떤 틀에도 갇혀서는 안 된다. 자주적 부처가 되어야지 기존의 부처와 조사의 노예가 되어서는 안 된다.

자기를 변화시키기 위해서는 중국 선종이 만들어 놓은 가치의 틀 속에 갇혀 있지 말고 밖으로 나와야 한다.

머물러 있으면 정체되고 침체된다는 것을 깨달을 때 기존의 가치를 버리게 된다.

자기의 틀을 깨트리지 못한 사람들은 대체적으로 무엇인가에 집착해 있거나 한군데 얽매여 있는 사람들이다.

백장 선사는 일찍이 "부처는 얽매임에서 벗어나 한량을 뛰어넘은 사람이다."라고 말했다.

눈 밝은 운수雲水일수록 전통이나 인습에 얽매여 있거나 안
주安住하지 않고 그것을 박차고 일어났다.

습관으로 만들어진 안정과 편안함 속에는 정체와 타성이
뒤따른다.

우리가 어디에도 얽매이지 않는 자유인이 되려면 오랫동
안 익혀왔던 습관을 버려야 한다.

중국의 선禪은 인도에서 전래된 명상 중심의 선나禪那와 다
르다.

단순히 생각을 고요하게 하고 마음을 맑히는 것에 머무르
지 않고 본질을 탐구하거나 실상을 자각하는 행위로 변화하
였다.

중국인들의 상상력에 맞게 변화시킨 것이다. 좁은 자아自我
에 갇혀 있지 않고 우주적 상상력을 통해 대승적 자아로 확대
시켰고 불타 중심의 신앙에서 인간 중심의 신앙으로 탈바꿈
하였다.

직지인심直指人心과 견성성불見性成佛이란 선禪의 핵심을 바
탕으로 중국 선禪이 발전한 것이다.

마음을 탐구하고 견성見性의 가치를 보편화시킨 사람은 육
조六祖 혜능慧能이다.

마음을 부처로 파악하고 선의 돌쩌귀로 깨달은 혜능은 누

구보다 견성見性을 강조하였다. 그는 마음보다 자성自性에 경도되는 입장을 보였다.

그의 「단경壇經」은 "보리자성菩提自性이 본래 청정하니 다만 이 마음을 써 성불해 마칠 것이요."라고 밝히고 있다.

혜능은 자성自性을 왕王이라고 생각하였고 마음을 그 나라의 신하臣下쯤 생각하였다.

그러나 혜능의 위대함은 마음과 자성을 분리하는데 있지 않고 견성見性을 성불成佛이라고 깨달은데 있다.

그는 「단경壇經」을 통해 "이 본성을 떠나 부처가 따로 있는 것이 아니다. 부처는 자성 가운데서 지을지언정 몸 밖에서 구하지 말라. 이 자성이 그대로 부처이다."고 선언하였다.

이 선언으로 인해 중국의 선종禪宗은 혁명적 변화를 하기 시작하였다.

자기 밖에서 찾고 구하던 사람들에게 자기 안을 성찰하고 탐구하는 인식의 틀이 만들어졌다.

그래서 뒷날 혜능의 「단경壇經」에는 중국인들의 생명의 지혜가 담겨 있고 개인적 해탈의 길이 제시되어 있다고 평가하였다.

변화를 통해 새로운 가치가 만들어지기까지는 반드시 진통을 치르는 과정이 있다.

그대가 부처인 걸

혜능 이전에 마음을 탐구하는 수행인이 없었던 것은 아니다.

달마로부터 4조 도신道信 선사에 이르기까지 '마음이 곧 부처'임을 인식하였지만 그 표현 방법이 달랐고 많은 사람들의 공감이 부족하였다.

특히 우리는 4조 도신道信과 우두법융牛頭法融의 일화를 상기할 필요가 있다.

도신 선사가 처음 우두 선사를 만났을 때 우두는 깊은 산중에 초막을 짓고 수행하고 있었다. 초근목과로 주린 창자를 달래면서 하루 종일 앉아서 마음을 찾고 있었다.

도신은 우두에게 무엇을 찾고 구하려고 앉아 있는가 하고 물었다.

마음을 찾고 보려고 한다고 우두는 솔직히 대답하였다.

이때 도신은 '관시하인觀是何人 심시하물心是何物'인가 물었다.

마음을 보려고 하는 자는 누구이고 찾고 있는 그 마음은 어떤 물건인가?

마음 하나를 가지고 주객主客으로 나누지 말라는 이야기이다. 이 물음에 우두는 깨달음을 열었다.

'마음이 부처'라고 깨달음의 틀을 완성시킨 분은 마조馬祖 선사이다.

심즉시불心卽是佛. 마음이 부처이다. 그리고 '평상심平常心이 도道이다.'라고 선언한 분도 마조이다.

마조는 위대한 교육자이고 선禪을 혁명적으로 변화시킨 눈 밝은 선지식이었다. 그의 일언일구一言一句에 의해 기존의 가치는 무너지고 완고한 인식의 틀은 깨어져 버렸다.

그를 '천하天下 사람을 답살踏殺하는 망아지'라고 중국 선종은 평가하였다.

혜능慧能을 거쳐 법맥을 이어 받은 남악회양南嶽懷讓 아래에서 천하 사람을 답살하는 망아지가 나왔으니 바로 그가 마조라고 극찬을 하였다. 그리고 마조로부터 선맥禪脈을 이어 받은 분이 백장百丈 선사인데 백장의 슬하에서 훗날 선종을 이끌어 갈 거목巨木들이 배출되었다.

황벽黃檗과 위산潙山이 백장百丈 선사의 제자들이다.

특히 황벽은 가장 위대한 선사라고 평가받는 임제臨濟라는 걸출한 제자를 두는 행운을 가졌다.

마조가 만들어 낸 마음이 곧 부처라는 가치는 그 당시 부처를 찾고 깨닫고자 하는 참학자들에게 커다란 영향을 주었고 진폭의 울림은 깊고 넓었다.

그러나 많은 시간이 지날수록 마음이 곧 부처란 가치의 틀 속에 갇혀 안주하고 집착하는 병폐가 심해졌다. 그것을 알아차린 마조는 "그것은 부처도 아니고 마음도 아니고 중생도 아니다."라고 부정해 버렸다.

정신의 집중도 반복되면 집착으로 변할 때가 있다. 마조는 그것을 알고 있었기 때문에 부처도 아니고 중생도 아니라고 부정해 버린 것이다.

마조 선사의 위대함은 마음을 부처라고 선언하는데 그치지 않고 선禪을 생활 속에서 구현하는데 있다. 그리고 성스럽고 위대하다는 권위를 걷어내고 인간 속에서 성스러움을 찾고 있는 데에서 마조의 위대함이 있다.

그는 경전에서 수없이 반복되고 되풀이되는 이상적인 인격人格인 부처나 여래如來보다는 바로 눈앞에서 살아서 움직이는 사람을 조사祖師라고 했고 미완未完의 여래如來라고 강조하였다. 그리고 불성佛性이니 여래장如來藏, 진여자성眞如自性이란 추상적 언어를 평상심平常心으로 바꾸어 선禪을 생활의 종교로 정착시키고 있다.

마조가 말한 평상심이란 우리가 일상 속에서 쓰고 있는 마음을 말한다.

우리가 생활을 하면서 쓰는 마음이 바로 평상심이다. 그러나 마조가 말한 평상심은 철학적 해석을 해야만 이해가 가능하다. 그는 도道는 닦을 것이 없다. 다만 물들지 말라. 무엇을 물들임이라 하는가. 생사심生死心으로 무엇인가를 하려고 하면 모두가 물들임이다. 그러면 무엇을 평상심이라고 하는가. 조작造作이 없고 시비가 없고 취하고 버리는 것이 없고 단상斷常이 없으며 범부와 성인을 분별하지 않는 마음이 평상심이다.

마조가 말한 평상심은 우리가 일상생활을 통해 쓰고 있는 평상심의 차원을 넘어서고 있다. 시비에 물들지 않고 조작하지 않고 범부와 성인을 분별하지 않는 마음을 쓰기란 어렵다.

일생동안 쓰는 마음이지만 마음은 경계에 따라 흔들리고 환경과 조건에 따라 달라진다. 지금까지 살면서 자신의 마음을 조복調伏 받은 것이 몇 번이나 될까. 그리고 마조가 말한 평상심으로 일상을 살고 있는 사람이 몇 사람이나 될까.

오랫동안 선방禪房에서 가부좌를 틀고 앉아 마음공부를 한 사람이 그동안 갈고 닦은 지혜로 마음을 쓰는 것을 보지 못했고 닦는 마음이 인격으로 이어진 사람도 보지 못했다.

인간이 지니고 있는 것 가운데 마음만큼 풍족한 것도 없다. 그런데 그 마음을 사랑과 자비를 담아 쓰기가 어렵고 미운 사람에게 화해와 용서로 사랑스럽게 쓰기도 어렵다. 또한 자신이 갖고 있는 것 가운데 빨리 변하고 변덕을 부리는 것이 생각과 마음이란 것을 깨닫는 것도 힘들다.

그런데 마조는 평상심을 철학적으로 해 놓고 깨달음에 대한 새로운 인식의 변화를 보이고 있다.

"스스로 알고 깨닫는 것이 자기인 줄 모르고 밖을 향해 찾는다."

그러나 백장百丈 선사는 "스스로 알고 깨닫는데 집착하면 그것은 선병禪病이라고" 말한 후 "부처를 가지고 부처를 찾지 말라. 부처는 집착이 없는 사람이며 구함이 없는 사람"이라고 말하고 있다.

백장의 제자 황벽黃蘗 선사는 "부처와 중생은 오직 한마음일 뿐 그 어떤 진리도 없다. 이 마음이 본래 청정한 부처이다."라고 마조가 말한 마음이 곧 부처임을 확인하고 있다.

살아있는 믿음은
어떤 틀에도 갇히지 않는다

화두를 들고 참구를 하다 보면 순일무잡하게 정진이 계속될 때도 있고 하루 종일 번뇌 망상에 시달릴 때가 있다.

이때마다 나는 임제록臨濟錄을 꺼내 읽는다. 첫째 그의 일언일구에 정신이 번쩍 들고 메말라 있는 머리에서 맑은 영혼의 샘물이 솟는 신선함을 느낀다.

그는 화두를 통해 본질을 찾고 자아를 탐색하며 새롭게 태어나는 인식의 변화를 보이고 있다. 그 인식의 변화가 나를 새롭게 일깨우게 한다.

그의 법어는 평범하거나 진부하지도 않고 아울러 상식적인데 머물러 있지도 않다.

구절마다 영혼이 찢어지는 아픔을 느끼게 하고 마치 몽둥이를 들고 영혼을 후려치는 것 같다.

그의 수행방법은 다른 선사들에 비해 거칠고 충격과 파격이 항상 뒤따르고 있어 잠시도 곁눈질을 허용치 않고 있다.

그는 기존의 가치에 얽매여 있는 것을 용납도 하지 않았고 모방과 흉내는 몽둥이로 후려갈겨 버렸다. 그리고 눈앞에 드러나 있는 무위진인無位眞人을 제외하고는 어느 것도 인정하지 않았고 부처를 닮으려고 하거나 보살을 비롯한 일체 성자를 의존하는 무리에게는 영혼을 찢어지게 하는 천둥 같은 할喝과 주장자로 후려쳐서 눈을 열게 하고 귀를 번쩍 트이게 하였다.

한순간도 긴장을 풀 수 없다. 마치 옆구리에 비수를 들이대고 있는 것 같기도 하고 우레와 같은 할喝 소리가 쏟아질 것 같다.

누구나 모방과 기존의 가치의 틀에 갇히게 되면 새로운 가치를 창조하는데 방해를 받게 된다. 그래서 임제臨濟는 부처를 최고의 가치로 삼지 말라고 강조하고 있다.

"부처는 내가 보기에는 한낱 냄새나는 존재요. 보살과 성인은 모두 사람을 결박하는 것들이다."

이것이 임제가 선禪을 통해 새롭게 발견한 깨달음의 철학이다.

그는 보살과 성인을 가쇄枷鎖라고 서슴없이 말하고 이것은 사람을 결박하는 것들이라고 질타하고 있다.

부처에 집착하고 조사祖師의 가르침에 갇혀 있던 사람들에게는 귀가 번쩍 트이고 새로운 안목을 열게 하는 목소리이다.

수행자가 제일 경계해야 할 것은 자신이 안주하고 있는 세계에서 벗어나지 못하는 일이고 고정된 인식의 틀에 갇히는 것이다.

그는 자주적 부처가 되어야지 부처나 성자의 노예가 되어서는 안 된다고 강조하였다.

"부처로서 최고의 목표로 삼지 말라. 보살과 아라한은 죄인의 목에 씌우는 형틀과 같고 사람을 속박하는 물건들이다."

그는 갇혀 있으면 나약한 노예가 될 수밖에 없음을 일깨워주고 있다.

그리고 매순간 속박의 굴레에서 벗어나야 한다고 강조하고 있다.

임제는 몸소 체험하고 자유스러워지는 방법을 깨닫고부터는 반드시 집착에서 벗어나야 한다고 주장하고 있다.

임제는 다른 선사들과 달리 먼저 반드시 진정견해眞正見解를 갖추어야 한다고 누누이 강조하면서 밝은 지혜와 안목을 갖추게 되면 나고 죽음에 물들지 않고 언제나 자유스럽다고 밝히고 있다.

임제어록을 보면 그는 진부하고 상식적이거나 상투적인 것을 과감히 도려내고 새로운 것을 추구하고 있음을 볼 수 있다.

언어 하나하나가 도전적이고 파격적이다. 굳은살은 날카로운 비수로 잘라내고 읽는 사람으로 하여금 새로운 인식을 갖도록 하고 있다.

마조馬祖와 백장百丈, 황벽黃檗 시대에 반복적으로 등장된 '평상심平常心'이나 '마음이 곧 부처'란 구호를 쓰지 않고 마음心이나 불佛이라는 추상적인 명칭을 일도양단 하듯이 전부 불식하고 '무위진인無位眞人' 혹은 '무의도인無依道人'이란 말로 인간을 중요시 하는 선禪으로 탈바꿈하고 있다.

그는 숭고한 인격을 갖춘 여래如來나 부처와 같이 이상적 인격이 지니고 있던 가치와 권위를 인정하지 않았다.

그는 우리가 찾고 깨닫고자 하는 것을 멀리서 구하지 않았다. 항상 자기 안을 살피고 성찰하면서 무위진인無位眞人을 깨닫고자 했다.

"그대들이 부처를 알고자 하는가? 바로 내 앞에서 법문을 듣는 그대가 부처와 다르지 않다."

임제는 인간을 그대로 부처로 파악하는 인식을 드러내고 있다. 마음이나 불성佛性이라는 명칭을 사용치 않고 법문을 듣고 있는 그대가 바로 부처라고 선언하고 있다.

임제어록에서 가장 돋보이는 구절은 다음 구절이다.

그대들이 만약 나고 죽고 가고 머무는 것을 마치 옷을 벗었다 입듯이 자유롭기를 바란다면 지금 당장 법문을 듣는 그대 자신을 알라. 그는 모양도 없고 뿌리도 없으며 머무는 곳도 없이 팔팔하게 살아서 움직인다.

수만 가지로 응용하지만 응용하는 틀에 얽매이지 않는다. 다만 이것을 찾으면 점점 멀어지고 구하면 어긋난다.

수행인이 추구하는 개인적 해탈을 이루고자 한다면 그 해탈의 자유는 다른 곳에서 이루어지는 것이 아니라 법문을 듣고 있는 자기 자신임을 분명하게 지적하고 있다.

법문을 듣고 깨닫고 있는 그 마음 그것을 옛 선사들은 한 물건이라고 표현했고 본래면목本來面目이라고 지적하였다. 그러나 임제는 그런 명칭을 사용하지 않고 법문을 듣고 있는 그대 자신을 살펴라. 그것은 모양도 없고 뿌리도 없으며 머무는 곳도 없이 팔팔하게 살아 움직인다고 지적하면서 이것을 찾으려고 하면 멀어지고 구하려고 하면 어긋난다고 밝히고 있다.

그리고 임제는 그대들의 한 생각 한마음이 결박을 이루기도 하고 결박을 풀기도 한다고 수행자가 참구를 하면서 의심할 수 있는 부분을 지적하고 있다.

팔팔하게 살아서 움직이는 그것은 때로는 법계를 관통하기도 하고 항상 눈앞에서 작용하고 있다. 그것은 어디를 가나 걸림이 없고 삼계에 자유자재 한다.

임제는 인간 그대로 부처임을 여러 곳에서 강조하고 있다. 그리고 부처와 조사祖師란 이상적 인격에서 벗어나지 못한 사람들을 위해 "부처와 조사란 그들을 존경하여 붙인 이름일 뿐이다."라고 밝히고 나서 "부처란 단지 이름뿐이다. 佛是名句"라고 부처의 권위를 인정하지 않고 있다.

임제의 서슬 푸른 직관과 안목은 다음과 같은 구절에서 가장 돋보이고 있다.

격렬하고 살벌한 언어를 사용하면서도 읽는 사람의 막혀 있던 가슴을 뻥 뚫리게 하고 있다. 그리고 충격과 신선함이 가슴에 오랫동안 남아 있도록 하고 있다.

깨달음의 견해를 터득하려면 부처와 조사에도 집착하지 말고 보살과 성인聖人에게도 얽매여서는 안 된다.
자주적 부처를 방해하는 것은 안에서나 밖에서나 마주치는 대로 죽여라. 끄달리지 말고 극복하라. 부처를 만나면 부처를 죽이고 조사를 만나면 조사를 죽이고 성자를 만나도 죽여라.

살불살조殺佛殺祖의 의미는 죽이라는 살생의 의미가 아니라 극복하라는 뜻이다. 그러니까 부처와 조사 그리고 성자라도 극복하라는 의미이다.
그는 찾고 깨닫고자 하는 시선으로 자기 내면을 집중하라고 강조하고 있는 점이 인상적이다. 자세히 관찰하면 몸 안에 부처가 직립해 있음을 깨우쳐 주고 정진을 통해 몸 안에 내재하고 있는 부처를 증득해야 한다고 그의 어록은 주장하고 있다.
우리가 임제 선사의 어록에서 주목해야 할 점은 부처란 단지 이름뿐이고佛是名句 부처와 조사란 말은 존경해서 부르는 이름이라고 주장한 부분이다.
임제는 자기면목을 드러내기 위해 불타佛陀나 보살에 의존하는 것을 매우 경계하고 있다.

심지어 그는 부처를 냄새나는 존재라고 폄하하고 보살과 성자를 목에 씌우는 형틀이요 손발에 채우는 형틀이라고 충격적인 발언을 서슴지 않고 있다.

그리고 바로 이것들이 우리를 속박하고 결박하는 것이라고 서슬 푸른 직관을 드러내고 있다. 그뿐 아니라, 무위진인無位眞人을 깨닫기 위해서는 부처를 최고의 가치라고 여기는 의존함을 버려야 하고 올바른 견해를 갖기 위해서는 성인이나 조사들의 말에 현혹되거나 끄달리지 말라고 강조하고 있다.

현혹되고 끄달리는 것을 인혹人惑이라 하고 상대방에 맞추어 변해 가고 모방하는 것은 의변依變이라며 체험적 깨달음의 인식을 드러내고 있다. 그리고 소리와 명구名句를 모두 의변依變이라고 밝히면서 의변이나 인혹으로 인해 선禪의 창조적인 행위가 방해 받게 된다고 주장하고 있다.

예를 들면 청정의淸淨依, 무생無生, 열반涅盤 등의 표현이 임제의 눈에는 소리와 명구에 불과했으며 의변依變의 범주를 벗어나지 못한 것들이다.

조주趙州 선사도 일찍이 보리菩提, 열반涅槃, 진여자성眞如自性 등은 모두 몸을 편안히 하는 의복에 불과하고 번뇌의 다른 이름이라고 했다. 임제의 어록은 깊은 통찰력과 직관이 담겨 있지만 논리적이지 않고 문장이 유려하지도 않다. 미사여구도 없다. 투박하고 거친 표현들이 군데군데 있는 가운데 구절마다 영적靈的 기품이 담겨 있다.

다른 선사들의 어록에서 볼 수 있는 경전의 인용도 그리 많지 않고 독창적인 자기 견해를 피력하고 있음이 돋보이고 있다.

그는 무위진인無位眞人이란 표현 외는 마음이 부처니 평상심이 그대로 진리란 말을 진부하다고 생각하였다. 그리고 부처를 최고의 가치로 삼지 말고 팔팔하게 살아 움직이면서 수만 가지로 응용하는 무위진인을 깨달으라고 강조하고 있다. 특히 그는 기존의 가치에 얽매이거나 거기에 갇히지 말라고 주문하고 있다.

그렇다. 자주적 부처는 그 어떤 틀에도 갇히지 않는다.

끝없는 물음을 통해 자아를 일깨워야

무문관에 들어온 지 3개월이 다 되었다.

석 달 동안 잠갔던 문이 열리면 그동안 보지 못했던 하늘을 볼 것이다.

해제解制가 되면 전국 선방의 문이 열리고 운수납자雲水衲子들은 만행萬行을 나설 것이다.

걸망을 짊어지고 머무는 곳마다 겨울 한철 갈고 닦은 깨달음을 풀어놓고 한편으로는 아직 잠이 덜 깬 산속의 봄기운도 부려 놓을 것이다.

독방에서 해방된다는 들뜬 기분에 하루 종일 화두도 들지 않았다. 그동안 쉬는 시간을 틈타 보았던 조그마한 집 한 채를 바라보았다.

한 평도 안 되는 집 한 채가 눈을 뒤집어쓴 채 바위처럼 일념一念이 만년萬年이 되도록 절구통 수좌처럼 앉아 있다.

'무금선원無今禪院' 이란 현판을 달고 노옹老翁처럼 앉아 있다.

자세히 바라보니 밤새 기다리다가 지쳐서 잠깐 졸다가 막 깨어난 것 같이 보였다.

수척해 보였지만 피곤한 기색은 없었고 오히려 기다림에 익숙해 있는 사람처럼 보였다.

그는 불노옹不老翁이었다.

가부좌를 틀고 앉아 멀리 떨어져 있는 대청봉으로 시선을 옮겼다가 다시 눈을 감고 자기 내면을 성찰하는 것 같았다.

새들이 찾아와 울면 눈 한쪽을 반쯤 떴다가 이내 감고 정진을 계속하고 눈보라가 세차게 칠 때는 한쪽 귀를 열고 듣다가 닫아 버렸다.

천둥이 치고 벼락이 떨어진다고 해서 자리에서 일어날 자세가 아니다.

그러나 간간히 시선은 절 밖을 향해 있었고 누군가 기다리는 모습이었다.

그렇다고 찾아오는 사람이 있는 것도 아니었다. 그는 기다리면서 스스로 그리움을 만들고 있었다.

창밖에서는 눈발이 날리고 바람이 세차게 불었다. 바람이 본분 소식을 풀어놓는 것 같았다. 선지禪旨를 풀어놓는 솜씨가 대방무외大方無外하고 천지를 흔들었다.

자연이 나에게 전하는 일경一境의 소식이었다. 단순한 바람이 아니었다.

걸림 없는 자유와 대용大用이 현존함을 깨닫게 하였다.

자연은 시시각각 변하면서 일기일경一機一境을 전한다.

봄이면 새로운 생명을 탄생시켜 법성法性의 무한한 가치를 깨닫게 하고 여름이면 삶의 전체의 모습을 드러내는 기틀을 보인다.

비록 말이 없으나 잎이 피는 것은 유언有言이요 잎이 지는 것은 말후구末後句이다.

그리고 본체를 드러내기 위해 떨쳐 버릴 것 떨쳐 버리고 내려놓는 것은 무언無言의 설법이다.

자연은 이렇게 많은 것을 보이고 있지만 우리는 그것을 깨닫지 못하고 정서적으로 아름다움이나 읊고 있다.

눈이 쏟아지는 겨울날 깊은 계곡에서 쏟아지는 눈사태를 보라.

어찌 그것이 단순한 눈사태만의 것이겠는가. 그것은 천뢰天籟 같은 할喝 소리요 날카로운 기봉機峰이 아니겠는가.

바람이 매섭게 불며 짐승처럼 칭얼대고 있다. 먹이를 구하지 못한 짐승이 울부짖고 있는 것 같다.

바람은 변화를 자재하여 칭얼대던 울음을 그치고 소낙비처럼 쏟아지는 소리를 내었다가 할喝과 봉棒을 앞세워 휘몰아친다.

설악산의 바람은 대청봉에서부터 시작된다. 천불동을 거쳐 여러 마을을 돌아다니다가 이곳에 이르러서는 여러 가지 울음소리로 변용된다.

때로는 나뭇가지를 흔들다가 날카로운 이빨을 드러내고 할퀴다가 지나간다.

어느 마을에 머물다가 싸움을 익히고 왔는지 매우 사납고 거칠다.

흐느끼고 울부짖는다.

어느 마을에서 분노를 만났는지 그 분을 삭이지 못하고 또 슬픔을 만났는지 뒷마당을 지나가는 바람은 울부짖고 흐느끼는 것 같다.

동해 파도소리 같은 바람이 한참동안 휘몰아치더니 대용大用의 자유만 남긴 채 사라지고 다시 적막이 찾아들었다.

차 한 잔을 놓고 3개월 동안 참구했던 것들을 점검하였다.

사유는 깊어졌지만 밑바닥에는 미치지 못했다. 그리고 새로운 의심이 화두가 되어 머릿속에 자리 잡고 있었다.

그것은 인간이 지니고 있는 정신이 완성될 수 있을까 하는 의문이었다.

깨달음과 닦음에 완성이 있을 수 있을까. 물건이라면 노력과 수련, 그리고 연마를 통해 만들고 싶은 완제품을 만들 수 있다.

그러나 정신이란 눈에 보이고 손에 잡히는 제품과 달리 완성될 수 없다.

정신세계의 완성이란 우리가 두고두고 추구할 이상이지 현실은 아니다.

거듭거듭 새롭게 형성되고 태어나야 한다.

문득 다음과 같은 앙산仰山 스님의 일화가 떠올랐다.

앙산이 부엌일을 하고 있을 때 스승인 위산僞山이 무엇을 하느냐고 물었다.

앙산仰山은 주저함도 없이 "소가 풀밭을 가려고 하여 고삐를 힘껏 잡아당기고 있습니다."고 대답하였다.

문밖을 나가면 또다시 보고 듣고 이해 관계에 따라 또 휩쓸리며 살 것이다.

내 안에 자리 잡고 있는 '그 놈'을 붙들고 관리해야 할 것 같다.

무문관을 떠나면서

여기가 옛 고불古佛의 도량임을 어떻게 알았을까.

바람과 물소리가 전하는 일기일경一機一境의 언어를 알아듣는 눈 밝은 통찰력과 서슬 푸른 직관을 가진 운수雲水가 있었음이 분명하다.

누가 이곳에 무문관無門關을 세웠을까. 망치로 두들기고 쇳물이 펄펄 끓는 용광로를 누가 앉혔을까.

오래전에 입적한 만해萬海가 세운 것도 아니고 영겁의 세월 속에 묻혀 있는 매월당梅月堂이 꿈에 나타나 예언한 것도 아니다.

그렇다고 대청봉大淸峰에서 시작된 칼날 선 바람이 천불동千佛洞을 거쳐 이곳에 이르러 주춧돌을 놓은 것도 아니다.

분명히 하나를 버려서 둘을 얻는 기략機略과 지혜를 갖추고 하나를 통해 셋을 밝히는 거일명삼擧一明三의 기용機用을 갖춘 눈 밝은 운수雲水가 원을 세웠을 것이다.

그는 천지를 뒤집고 세상을 사로잡는 대기대용大機大用이 있었을 것이고 못을 기울고 산악山嶽을 무너뜨리는 경추도악傾湫倒嶽의 기개와 하늘의 관문을 열어젖히고 지축을 옮겨 놓는 기략機略을 갖추고 있는 분임이 분명하다.

옛사람이 말하기를 산山의 신령스러움은 그 산이 높거나

낮은 데 있지 않고 산속에 뛰어난 가람伽藍이 있어야 신령스럽다고 했다.

부처를 만들어 내고 사람다운 사람을 만들어 내는 깨달음의 요람을 이곳에 앉혔으니 어찌 신령스럽다고 말하지 않으리오.

하늘에서 신령함이 내리고 땅의 상서로움이 모인 이곳에 선불장選佛場을 앉힌 안목에 소름이 돋고 전율이 솟는다.

무릇 부처를 배우기 위해 뜻을 둔 사람들은 여기서 앉고 누우면 반드시 해탈의 진미를 맛볼 것이고 빈손으로 왔다가 선방 문고리만 잡는 인연을 맺은 사람들은 한결같이 실리를 거두어 갈 것이다.

분명히 말하노니 찾고 구하고자 하는 사람, 삶의 백척간두에서 절망한 사람들은 무문관에서 며칠 묵고 가라.

화두話頭는 눈 밝은 선지식에게 받을 필요가 없다.

무문관 옆에 있는 수만 평의 계곡에는 수백만 개의 크고 작은 돌멩이들이 깔려 있다.

이것이 바로 천칠백공안千七百公案이요 화두이다.

돌멩이 하나를 들고 자세히 관찰하며 화두를 삼으라.

냉혹한 시련 없이는 숭고한 정신적 가치를 얻을 수 없다.

그리고 오랜 세월동안 흐르는 물에 닳고 닳아 모난 것은 다듬어지고 거친 것은 부드러운 살결을 이루어 있음을 볼 것이요, 돌멩이 하나하나가 독특한 개성을 갖추어 아름다운 모습으로 태어나 있음을 깨달을 것이다.

급한 것은 멈추게 하고 분노를 가라앉히어서 삭고 닳게 하며 오랜 인내를 거쳐 자기 모습을 이루고 있음을 보게 될 것이다.

그래서 돌멩이 하나하나가 화두라고 말하는 것이다.

알고 보니 무문관無門關을 세운 분은 조실祖室로 있는 무산霧山 선사였다.

그는 단순히 문이 없는 무문관을 세운 것이 아니라, 사람다운 사람을 만들기 위해 이곳에 망치로 두들기고 쇳물이 펄펄 끓는 용광로를 앉힌 것이다.

범부를 고치기 위해 망치로 두들기고 성인을 이루기 위해 용광로 속에서 자신을 단련하여 새로운 인격을 주조鑄造토록 한 것이다.

그러니까 무문관은 혁범성성革凡成聖의 산실이었다.

밖에는 칼바람이 불고 눈이 쏟아지고 있었다. 눈을 뒤집어쓴 나뭇가지는 무게를 견디지 못해 부러지고 있었다.

누구나 자기 분수에 넘치는 욕심을 부리거나 권력을 갖게 되면 부러지고 넘어지기 마련이다. 자연이 그 이치를 가르쳐 주고 있었다.

"스님 계시냐?"

"산행을 나갔습니다."

운수雲水가 걸망을 지고 떠나려 할 때 동자스님이 눈앞에 서 있어 물은 것이다.

"이렇게 눈이 많이 오는데?"

"어느 골짜기를 헤매고 있는지 모르겠으나 이 산중에 있습니다."

동자는 나이에 어울리지 않게 선禪 법문을 하고 있었다.

"그렇지 이 산중에 있겠지. 나를 이끌고 다니는 주인공도 나를 떠난 일이 없지."

운수雲水는 더 이상 묻지 않고 눈 덮인 내설악內雪岳을 한참 동안 바라보았다.

그리고 독백을 하듯 한마디 내뱉었다.

"참으로 웅장한 법신이군. 누가 눈 덮인 산하山河가 팔만사천법문인 줄 알고 있을까. 눈보라를 몰고 휘몰아치는 저 바람이 할喝과 봉棒을 갖춘 격외도리임을 깨닫고 있을까."

운수雲水는 눈을 맞으며 겨울 속에 잠든 설악의 봄을 걸망에 지고 길을 나섰다.

다시 한 번 무문관에 들어가서 삶도 죽음도 없는 빈 모습으로 일념一念이 만년萬年이 되도록 앉아 있고 싶다.

내 안에 갇히지 말고
기존의 가치를 버려라

꽃은 화두話頭이자 깨달음이다.

꽃에 대해 명상을 하다보면 우주의 비밀과 자연의 섭리가
숨어 있음을 깨닫게 된다.

한 송이 꽃이 피는 순간 세계가 일어난다—花開世界起.

「벽암록」은 놀라운 에스프리를 말하고 있고 꽃이 피는 순
간을 통해 우주의 신비가 열린다고, 김지하 시인은 돈오적 안
목을 열어 보이고 있다.

꽃은 종류에 따라 그 빛깔이 각양각색이고 피는 시기도 계
절에 따라 다르다

대부분 꽃들은 봄에 많이 핀다. 그래서 꽃에는 자연의 순환
과 계절의 섭리가 담겨 있는가 하면 우주의 섭리가 숨어 있다.

특히 꽃이 지는 순간을 통해 많은 시인들은 철학적 통찰을
드러내 보였다. 바람에 흩날리는 낙하를 통해 가야 할 때와
떠날 때를 노래한 시인이 있는가 하면, 조지훈 시인은 꽃이
지는 아침은 울고 싶다고 별리의 통렬한 아픔을 드러냈다.

꽃에 대해 집중하고 몰입한 식물학자들은 식물도 생각한
다고 밝히고 있다. 식물도 사람의 마음을 읽는 것을 발견하고
의사소통은 물론이고 우주와 교신하는 식물들의 초감각적인

부분까지 밝혀 사람들을 놀라게 하였다.

특히 예쁘다는 말을 들은 난초는 더욱 아름답게 자라고 볼품이 없다는 말을 들은 장미는 자학 끝에 시들어 버렸다는 실험 결과를 밝혀 그들의 꽃에 대한 집중과 몰입이 얼마나 깊었는지를 엿보게 하였다.

선禪은 우주에 충만해 있지만 인간에게 처음 제시한 분은 불타佛陀이다.

꽃 한 송이를 든 데에서 선은 시작되었다. 선을 전달하는 일기일경一機一境의 언어가 만들어진 것이다.

부처님은 제자들이 모인 가운데서 설법을 하기 전에 꽃 한 송이를 들어 보였다.

많은 제자들은 단순한 제스처로 생각했지만 오직 가섭迦葉 존자만이 미소로 화답하였다. 이심전심以心傳心의 미학이 완성된 것이다.

솔직히 말해 선은 한 송이의 꽃과 한 번의 웃음 사이에서 시작되었다.

언어로써 서로 진리를 말하는 것이 아니라 이심전심으로 진리의 진수에 계합한 것이다.

부처님은 가섭을 인가하였다. 그리고 정법안장正法眼藏과 열반묘심涅槃妙心을 전했다고 선언하였다.

여기서 우리가 주목할 것은 진리의 진수는 언어로 전하는

것이 아니라 이심전심의 방법으로 전달된다는 것을 깨달아야
한다.

진리를 언어를 떠나 있지만 언어를 통해 표현될 때 언어는
존재의 집이 된다.

꽃과 한 번의 미소를 통해 이심전심의 미학이 완성되고 교
외별전敎外別傳이란 깨달음의 틀이 만들어진 것이다.

교외별전이란 진리의 진수가 경전 밖에 있음을 암시하고
또 전달된다는 의미이다. 이것을 불타의 비전으로 말하고 이
비전을 가섭에게 위촉한다고 한 것이다.

중국 선종은 달마達磨가 등장하고부터 세찬 변화가 일기 시
작했다. 진리를 체달하고 증득하는 방법이 달라졌다.

그는 교외별전敎外別傳을 통해 불립문자不立文字의 새로운
길을 열었다. 비록 진리를 전달하려면 문자에 의지해야 하지
만 진리는 문자 속에 있지 않음을 깨우치게 하였다.

득의망언得意忘言의 세계를 발견한 것이다.

부처님과 가섭 사이에 이루어진 이심전심의 미학을 선의
수행방법으로 응용하였다. 그리고 인간의 심성을 집중적으로
탐구하는데 전력을 다하였다.

달마는 대중적으로 우리에게 잘 알려진 인물이다.

선종禪宗 수행인으로 이처럼 존경받고 대중에게 알려진 인
물은 일찍이 없었다. 거기다가 선종에서는 초조初祖로 모실

만큼 그의 깨달음은 높이 평가받고 있다.

그는 중국에서 태어난 인물이 아니다. 페르시아 스님으로서 480년경에 중국에 도착하였다고 일부 기록은 전하고 있다.

또 다른 기록에서는 그가 남인도의 브라흐만 계급 출신으로 527년 중국에 도착하여 전법과 내심內心을 밝히는 정진을 하다가 입적하였다고 상세히 밝히고 있으나, 어느 기록이 사실에 가까운지 사학자들도 확실한 사료를 내놓지 못하고 있다.

그는 중국에 도착하여 처음 양무제梁武帝란 절대 권력을 가진 황제와 첫 대면을 하고 있다. 양무제는 불교적 신심이 두터운 황제였다.

황제는 자신이 실천하고 실행해 온 불교적 선행이 공덕이 있느냐고 물었다. 달마는 서슴지 않고 없다고 대답했다.

달마의 뜻밖의 대답에 황제는 몹시 당황했다.

"그러면 내 앞에 있는 사람은 도대체 누구요?"

"모르겠습니다."

달마는 황제가 절대 권력을 지닌 인물임을 알면서도 돈오적 직관을 드러내었고 걸림 없이 행동하였다. 그리고 황제와 인연이 없음을 깨닫고 양자강을 건너 소림少林에서 벽관을 통해 집중과 몰입을 하면서 몸 안에 내재하고 있는 부처를 깨달음을 통해 실현해 내는 견성見性의 길을 열었다.

그의 입적 기록도 의문투성이다. 북종선의 초기 역사적 기록에는 숭산에서 혜가慧可에게 전법을 하고 문도들에게 여래의 심인心印을 밝힌 후 독약을 마시고 천화했다고 전하면서 무덤에는 빈 관棺만 남겨 놓고 다시 인도로 돌아갔다는 믿기 어려운 모습을 기록하고 있다.

이런 신기한 모습들이 과장되고 미화되어 달마 스님의 전설이 되고 신비한 인물로 재탄생되어 대중적 호기심의 대상이 되었다.

그는 벽관을 통해 마음을 집중적으로 탐구하고 끝내 근원을 밝히는데 이르렀다.

그의 깨달음은 새로운 것은 아니었지만 체험적 깨달음이란 데에서 높은 가치를 획득하고 있다.

모든 것이 마음에서 이루어진다는 '일체유심조一切唯心造'를 깊이 있게 내증內證하였다.

부처도 마음에서 이루어지고 마음이 모든 성자의 근본임을 체험한 것이다.

달마가 말한 것처럼 마음이란 그 근원을 깨닫기 전에 알수 없다. 너그러울 때는 온 세상을 다 받아들이다가도 옹졸해지면 바늘 하나 꽂을 자리도 없다.

우리가 날마다 쓰면서 미움과 분노에 갇히면 마음은 옹색해진다.

그러나 마음은 사랑과 그리움에 빠지게 되면 한없이 자유스러워진다.

그리운 사람이 아무리 멀리 있다 해도 마음은 그곳을 하루에도 수십 번씩 다녀오기도 한다. 비록 높은 산악과 큰 바다가 있다 해도 마음에는 장애가 되지 않는다.

이심전심以心傳心으로 시작된 선은 불립문자不立文字의 길을 열었고 직지인심直指人心의 깨달음의 가치를 주장하여 마음을 통해 부처를 이룰 수 있는 가능성을 제시하였다. 그러나 사람을 그대로 부처임을 깨닫지 못하고 인간의 핵심인 마음의 근본을 깨닫는데 머물러 있음이 아쉬움으로 남는다.

달마 이후 등장한 인물로는 혜능慧能을 꼽을 수 있다.

중국 불교가 배출한 인물 가운데 혜능638~713만큼 걸출한 천재도 없다. 그가 등장하고부터 중국 선종에는 변화의 홍수가 휘몰아쳤다.

시대는 가끔 천재를 탄생시킨다. 그리고 천재는 가끔 뜻밖의 장소에서 나타난다. 그는 중국이 배출한 뛰어난 천재 가운데 한 사람이다. 공자, 노자, 맹자 그리고 장자와 같은 서열에 속한다.

그는 가난한 가정에서 태어나 땔나무를 시장에 내다 팔아 생활한 나무꾼에 불과했다. 지적인 교육도 받지 못하고 삶도 죽음도 고민하지 않았던 그가 홍인弘忍 대사의 슬하에서 때로는 물지게와 돌멩이를 지고 디딜방아를 찧으면서 선적禪的 가치를 깨닫는데 이르렀다. 그의 위대함은 견성見性을 성불成佛

로 파악하는 놀라운 개오를 이루었다는 사실에 있다. 그리고 불성佛性을 깨달음이라고 새로운 선적禪的 가치를 제시하여 그 당시 참학자들을 놀라게 하였다.

그가 설한 「단경壇經」을 보면 한때는 심心과 자성自性을 분리했다가 깨달음이 깊어지자 "내 마음에 스스로 부처가 있나니 이 자불自佛이야말로 참 부처"라고 새로운 증오를 천명하였다.

집중과 몰입을 통해 몸 안에 내재하고 있는 자기 부처를 가시화可視化 한 것이다.

우리의 본성이 바로 부처이며 이 본성을 떠나서는 부처가 존재하는 것이 아니다. 이 본성은 대단히 커서 만법을 포함한다고 했다.

마음이 곧 부처란 인식, 본성을 떠나서 부처가 따로 존재하지 않는다는 주장은 혜능의 깨달음의 가치 가운데 높이 평가받는 부분이며 이 주장을 구체화시키고 변화시킨 인물이 마조馬祖와 백장百丈, 황벽黃檗, 임제臨濟 선사라고 할 수 있다.

혜능은 마음과 본성을 바탕으로 본래면목을 실현하고 정신적으로 도달하고자 했던 것을 자증하였다.

그러나 혜능에 이르러 마음의 탐구가 큰 성과를 이루고 자아실현은 완성되었지만 사람 전체를 부처로 보는 안목까지는 보이지 않는다. 물론 자불自佛이 참 부처라고 자성의 가치를 제시하고 있지만 마음과 견성의 틀을 벗어난 대기대용은 찾아 볼 수 없다.

혜능의 마음이 참 부처이고 견성이란 선적禪的 가치와 철학을 이어받은 분이 마조馬祖 선사이다.

마조는 중국 선종에서 가장 위대한 조사祖師이고 훌륭한 교육자라고 평가받는 인물이다.

후대 사람들이 마조 선사를 평가하기를, 남악회양 아래서 천하 사람을 답살踏殺하는 한 망아지가 나왔으니 바로 그가 마조라 했다.

마조로부터 선맥을 이어받은 분이 백장百丈인데 백장은 위산潙山과 황벽黃檗이란 눈 밝은 제자를 배출시켰다. 위산은 소석가小釋伽라고 칭송받은 천재적 두뇌를 가진 앙산仰山을 제자로 두어 훗날 위앙종潙仰宗을 창종했고, 황벽은 가장 위대한 선사라고 평가받는 임제臨濟란 걸출한 제자를 두어 선종을 변화시켰다.

그의 행장을 살펴보면 마조709~788의 얼굴의 특징과 몸매에 있는 기이한 모습까지도 기록하고 있다.

몸집은 장대하고 정력에 넘치는 수행인이었다.

황소처럼 걷고 호랑이 같은 날카로운 눈매를 가졌다고 한다.

특히 그는 혀가 길어서 코끝까지 닿고 고함을 치면 천둥이 치는 울림이 있어 사자의 포효와 같았다고 한다.

천둥 같은 고함소리에 제자인 백장은 사흘 동안 귀가 멀었다고 전해지고 있다.

그는 수행인으로서 불조대기佛祖大機를 갖춘 눈 밝은 조사祖師였고 중국 선종을 이끌어간 거장이었다.

그러나 마조는 고향에 가서 성자로 대접받지 못했다.

처음으로 고향을 방문했을 때 많은 사람들이 그를 환영했지만 그와 이웃이었던 할머니는, 대단한 인물이 방문한 줄 알았는데 쓰레기 청소부 마씨馬氏의 아들이었군! 하고 빈정대었다.

이 소리를 들은 마조는 한바탕 웃고 나서 "그대들 고향에 가지 말라. 고향에선 누구도 성자일 수 없다."고 하였다.

그는 자심自心이 진불眞佛이라는 혜능의 철학을 심즉시불心則是佛 곧 '마음이 부처'란 새로운 화두의 틀로 만들었고 마음 밖에 부처가 존재하지 않는다고 역설하였다.

마조의 심외무불心外無佛은 혜능이 주장한 자성을 떠나서는 따로 부처가 존재하지 않는다는 내용과 일치한다.

마조를 위대한 교육자라고 평가하는 이유는 자신이 주장하는 가치에 집착하거나 갇혀 있지 않고 사람의 근기에 따라 변화하는 방편이 있다는 점이다.

그는 다른 선사들과 달리 전통이나 인습에 얽매여 있거나 안주하지 않고 그것을 박차고 일어났다.

전통과 규범을 중시하고 거기에 안주하다 보면 타성이 생기기 마련이다.

마조는 자기 안에 갇혀 있지도 않았고 그보다 앞선 선배들의 사상에도 갇히지 않았다. 오히려 벽을 허물고 벗어났다.

오랫동안 심즉시불心則是佛을 주장했지만 끝내는 고집하지 않았고 진리에 얽매이면 자유롭지 못하다는 것을 깨닫고 있었기 때문에 새로운 변화를 보이지 않을 수 없었다.

그 당시 참학자들이 심즉시불心則是佛에 오랫동안 집착해 있음을 간파한 마조는 비심비불非心非佛이란 새로운 화두를 제시하였다.

집착에서 벗어나고 틀에서 벗어나는 아픔은 통렬했다.

비심비불非心非佛이란 마조의 새로운 선언에 충격을 받은 사람들은 뒤통수를 한 대 야무지게 맞은 기분이었다.

그러나 심즉시불心則是佛의 집착에서 벗어나기 위해서는 비심비불非心非佛이란 새로운 화두를 받아들이지 않을 수 없었다.

따지고 보면 처음부터 그것은 부처도 아니고 마음도 아니다.

여기다 마조는 더 깊이 들어가 비물非物도 중생도 아니라고 했다.

마조는 다른 사람들과 달리 생활 속에서 선禪을 찾고 구현하는데 주력하였다. 그리고 심즉시불이나 비심비불에 갇혀 있지 않고 사람을 그대로 부처로 보는 전인적全人的 안목을 드러내었다.

그의 제자가 된 분주무업汾州無業이 찾아왔을 때 마조는 놀라운 눈빛으로 "법당은 웅장한데 그 안에 부처가 없군!"하고 탄식을 했다고 한다.

우리는 여기서 현미경같이 투시하는 마조의 직관에 충격을 받지 않을 수 없다. 그는 내시경같이 사람 전체를 투시하고 살피는 돈오적 안목을 갖고 있었다. 누가 이처럼 서슬 푸른 직관을 내보인 일이 있었던가. 그의 대기대용의 솜씨는 인간이 지니고 있는 맑은 영혼을 담아내는 탁월한 재능을 갖고 있다. 어둠에 갇혀 있는 인간을 부처로 전환시켜 버리는 예지에 경탄하지 않을 수 없다.

마조는 대주혜해大珠慧海가 찾아와 불법을 구하려고 왔다고 하자 "왜 그대는 자기 집의 보배는 돌보지 않고 방황하고 있는가?" 하고 매서운 질책을 하였다.

미망에 갇힌 중생을 부처로 단련시키는 마조의 교육방법은 혁명적이었다.

여기서 우리가 주목해야 할 것은 자심自心이 부처라고 한 혜능638~713의 주장이 70년이란 세월이 지나 마조709~788에 이르러 인간이 그대로 부처란 선언에 이르게 되고 선禪이 생활 속에 구체화되었다는 점이다.

마조는 생존시 참으로 많은 제자들을 둔 선사이며 이 가운데 중국 선종을 이끌어 갈 영걸들을 배출하였다.

특히 남전南泉과 서당西堂 그리고 백장百丈 선사는 중국 선종을 대표하는 선사 가운데 우뚝 선 영걸들이다.

그의 밑에는 다양한 이력을 가진 제자들이 많았다. 사냥을 일삼던 사냥꾼 석공혜장石鞏慧藏도 있고 모든 재산을 큰 호수에 수장해 버리고 제자가 된 방거사龐蘊居士와 그의 딸 영조도 있었다.

특히 방거사의 오도송悟道頌은 여러 가지의 의미를 내포하고 있다. 격외적格外的 선지도 보이지 않고 난해한 은유나 상징도 등장되지 않으면서 우리가 도달해서 얻고자 하는 핵심적 가치를 담고 있다.

> 내 일상생활에는 특별한 것 따로 없고
> 단지 내 스스로 짝하며 즐기노라.
> 무엇을 취하지도 무엇을 버리지도 않거니와
> 너무 떠벌일 곳도 지워버릴 곳도 없다
> 내 영광의 상징이라고는
> 티끌하나 없는 산과 언덕이 있을 뿐
> 내가 지닌 신통과 묘용은
> 물 긷고 땔나무 줍는 일이로다.

서술적으로 자기 내면을 피력하고 있지만 우리가 주목해야 할 부분이 있다. 버리고 내려놓아야 자유로워진다는 논리에 한걸음 더 나아가 취하고 버릴 것도 없을 뿐 아니라 자취를 지워버릴 곳도 없다고 피력하고 있다. 서산청허西山淸虛가 버리고 구하는 것이 자신을 더럽히는 일이라고 지적한 일이 있지만 그것을 방거사는 깨닫고 있다.

그리고 자신이 지닌 신통과 묘용은 물 긷고 땔나무 줍는 일이라고 설파한 구절에 점두點頭와 아울러 공감을 하지 않을 수 없다. 임제도 비록 번뇌의 몸이나 이 몸 그대로 땅 위를 걷는 신통도인이라고 말한 일이 있다.

마조의 교수 방법이 부드러운 것만이 아니었다. 거칠 때는 주장자로 후려칠 때도 있었고 발로 걷어차기도 했다.

그의 제자 가운데 수료水潦 화상이 달마가 무슨 일로 서쪽에서 오셨느냐고 묻자, 마조는 그대로 걷어차 버렸다.

벌렁 앞쪽으로 꼬꾸라진 수료 스님은 흙먼지를 털며 한바탕 웃었다.

그리고 그는 마조 스님에게 한 번 채인 후로 지금까지 웃음이 그치지 않는다고 했다.

근기가 무르익은 것을 간파한 마조는 일언일구가 필요치 않았다. 고름이 터져 나오도록 충격을 가했다.

미망을 베어버린 마조의 활인검이었다. 미망을 걷어내고 부처이니 범부이니 하는 분별에서 벗어난 그는 영롱한 구슬을 쏟아 내었고 일생동안 편안하게 지낼 수 있는 안락을 얻었기 때문에 웃음이 그치지 않았다.

마조는 두두물물頭頭物物이 절대적 가치를 지녀 일초일목을 부처로 파악하는 돈오적 안목이 있었고 바람과 물소리가 전해주는 무정설법을 듣는 열린 귀가 있었다.

아울러 사람의 근기를 살피는 탁월한 능력도 갖추고 있었다.

영혼이 어둠 속에 갇혀 있을 때는 천둥 같은 할喝 소리로 갇힌 곳에서 뛰쳐나오게 했고 근기가 무르익어 있을 때는 낮은 목소리로 깨달음을 열게 하였다.

참으로 대기대용大機大用은 하늘 높이 솟아올랐고 선지禪旨는 산과 바다를 누르고 인간을 자유롭게 만드는 선기禪機가 있었다.

누구나 마조 선사의 선기禪機를 거치면 일탈해 있는 자신이 제자리로 돌아가고 본래면목이 드러났다.

그는 말솜씨도 참으로 맛깔스럽고 향기로웠다. 봄바람이 귀를 스쳐가듯 부드러웠다.

그를 오랫동안 모신 홍주자사洪州刺史가 찾아와 술과 고기를 계속 먹어야 하느냐고 묻자, 먹는 것은 그대의 과보가 될 것이요 먹지 않는다면 미래의 복전이 될 것이라고 대답하였다. 누가 이런 질문을 받고 이처럼 깊은 의미를 담아 멋있고 맛깔스럽게 답변할 수 있을까. 듣는 쪽은 감화를 받고 감동하였다.

중국 선종은 마조가 이룩해 놓은 광활하고 독특한 선풍禪風

과 교수방법을 후대 사람들이 세분화하고 구체화하였다.

덕산의 봉棒도 임제의 할喝도 마조 선사에 의해 비롯되었고 꽃이 피고 지고 새가 우는 소리가 일기일경一機一境을 나투는 현성공안現成公案임을 깨닫게 한 사람도 마조이다.

그의 천둥 같은 고함소리에 불성佛性이니 진여眞如니 하는 추상적 언어는 불식되었고 여래如來니 부처니 하는 이상적 인격도 사라졌다. 사람이 곧 부처임을 천명한 것이다.

내가 거기 부처가
있음을 보지 못했다

    선禪은 백장 스님 시대에서부터 또 한 번 변화하였다.

    백장은 스승인 마조의 가르침에서 한걸음 더 나아가는 견해를 보였다.

    직관적 분석과 인간이 지닌 견문각지見聞覺知를 주목하고 소홀히 하지 않고 있음을 볼 수 있다.

    마조의 심즉시불心則是佛이나 비심비불非心非佛에 머물러 있지 않고 전인적全人的 안목을 열고 있다.

    그에게 "부처가 누구이냐?"고 묻자 백장은 "그대는 누구이냐?"고 반문하였다.

    비록 목소리는 낮았지만 그 물음의 진폭은 컸다. 그대가 묻고 있는 그 사람은 자네가 지니고 있고 본래 이루어져 있음을 깨닫게 하고 있다.

    응시와 통찰이 깊어지면 부처와 선禪을 만날 수 있는 곳이 마음이란 것을 누구나 알게 된다. 이와 비슷한 질문과 답변은 법안 스님과 혜초 사이에도 있었음을 발견할 수 있다.

    법안 스님에게 "본래 부처란 것이 어떤 것입니까?" 하고 혜초가 질문을 하자 "네가 바로 혜초였군." 답변하였다.

    그대가 찾고 있는 부처는 다른 곳에 있는 것이 아니라 혜초 자신임을 자각케 하고 있다.

백장은 그의 어록을 통해 스스로 알고 깨닫는 것이 부처인 줄 모르고 밖으로 부처를 찾는다고 누누이 강조했고, 부처가 부처를 찾지 말아야 한다고 돈오적 인식을 드러내었다.

그리고 그는 사람이 부처이고 부처가 사람이라고 스승 마조보다 한걸음 나아가는 전인적全人的 안목을 보였다.

표현 방법이 다르고 사람을 부처로 보는 안목이 열리는데 많은 시간이 필요했다.

자불自佛이 참 부처이고 마음이 곧 부처라고 선언한 혜능638~713과 마조709~788 사이에는 70년이 걸렸고, 사람이 부처이고 부처가 사람이라고 선언한 백장749~814에 이르기까지 100년이란 세월이 필요했다.

마음이 부처란 화두話頭의 시대에서 사람이 부처란 시대를 연 것이다. 인간 중심의 시대를 연 것이다.

백장에 의해 사람을 인식하는 돈오적 안목과 깨달음의 인식이 시작된 것이다.

백장의 이 한마디에 낡은 가치가 불식되었다는 것을 우리는 주목해야 한다.

따지고 보면 마음이 우주만물의 근원이란 주장과 마음이 부처라는 인식은 대승경전 여러 곳에서 피력되고 있다.

특히 화엄경을 오랫동안 연구한 징관澄觀, ~839 대사의 「심요품心要品」게송은 깊은 선지禪늡를 담고 있다.

징관은 화엄학에 뛰어난 안목을 지닌 교학자였지만 남종선南宗禪을 유충 선사에게 익히고 도흠 선사에게 북종선北宗禪을 배운 선교를 겸비한 눈 밝은 용상龍象이었다.

> 마음과 마음이 부처를 이루니
> 한마음도 부처의 마음이 아닌 것이 없고
> 곳곳에서 도를 이루니
> 한 티끌도 불국토 아님이 없다.

백장을 거쳐 황벽의 시대에는 선의 논리적 체계는 완성되었지만 사람이 곧 부처란 깨달음의 인식은 정립되지 않았다.

황벽의 어록에서 가장 돋보이는 구절은 "버리는 것이 법이요 버릴 줄 아는 사람이 부처"란 대목이다.

눈여겨볼 것은 이상적 인격으로 평가 받던 여래如來나 조사祖師란 권위가 점점 사라지고 추상적이고 상징되는 인물들의 명칭이 불식되어 사람이 곧 살아있는 부처로 변화하는 인간 중심의 시대가 임제에 이르러 열렸다는 것이다.

임제는 단순히 사람이라 하지 않고 장자의 진인眞人이란 말을 원용했다. 그는 누구나 면전에 무위진인無位眞人이 출현하니 참구하고 증득하라고 강조하였다.

임제는 혜능으로부터 만들어 지고 마조와 백장 그리고 황벽의 시대에 만들어진 깨달음의 틀을 과감히 버렸다.

이미 낡아버리고 기존의 가치가 된 틀에 갇히지 않고 자기만의 음색과 선풍, 그리고 목소리를 내기 시작했다.

마음이 부처란 것도 버리고 여래란 이상적 인격에도 집착하지 않았다. 오직 팔팔하게 살아 움직이는 무위진인無位眞人 혹은 무의도인無依道人이란 새로운 가치를 만들었다.

기존의 가치를 버리기 위해 그는 부처를 최고 가치로 삼지 말라고 주장자로 후려치듯 기존의 틀을 부수어 버렸고 살아 있는 부처, 즉 무의도인無依道人은 어떤 틀에도 갇히지 않는다고 주장하였다.

화두를 참구하고 부처를 찾는 사람들이 빠지기 쉬운 관념적 병이라고 할 수 있는 의존성을 떨쳐버리기 위해 성자들이야말로 자기를 가두고 속박하는 물건들이라고 단정하였다.

그는 부처란 단지 명구名句에 불과하고 보리菩提, 열반이란 말도 그럴 듯하게 자기를 수식하는 또 하나의 번뇌라고 일갈하였다.

그의 일언일구一言一句을 듣고 있으면 천둥이 치고 벼락이 한꺼번에 쏟아지는 것 같고 닫혔던 마음의 문이 열린다.

한 번 할喝을 하면 하늘에서 구름이 일고 바람이 일어나는 천기天氣가 움직인다. 거기다가 주장자를 한 번 후려치면 죽은 사람이 벌떡 일어나 영롱한 구슬을 쏟아내는 것 같다.

여기서 빠뜨리지 말고 주목해야 할 인물이 있음을 알아야 한다. 바로 그가 조주趙州 선사이다.

달마에서 임제에 이르기까지 사람이 곧 부처라고 돈오적으로 맛깔스럽게 표현한 분은 조주이다.

그는 단순히 사람이 곧 부처라고 표현하지 않고 참으로 맛깔스럽고 사람의 마음을 들뜨게 하고 공감을 일이키는 감성의 환기를 체험케 하는 발언을 한 분이다.

눈앞에 졸고 있는 여래부처를 본다는 말로 모든 참학들에게 신선한 충격을 주었다. 그리고 선비가 찾아와 "스님은 고불古佛입니다." 하고 최고의 존경을 표하자, 조주는 "그대야말로 신여래新如來"라고 상대에게 최고의 존엄을 담아 응답하였다.

성인과 범부에 얽매이지 않는 초탈의 일구一句가 이처럼 물이 흐르듯 자연스럽게 그의 입에서 이루어진 것은 그만큼 내적 통찰이 깊고 내심을 자증하였음을 보여 준 것이다.

중국 선사들 가운데 말을 만들어 낸 솜씨가 이처럼 탁월하고 멋스러움을 지닌 선사는 일찍이 없었다.

조주는 부처에도 집착하지 않고 조사에도 얽매이지 않으면서 사람을 그대로 부처로 보는 안목을 지니고 있어 자신이 가장 듣기 싫어하는 말이 부처란 말이라고 서슴없이 내뱉고 있다.

조주 선사의 시대를 거치고 임제에 이르러, 부처를 최고의 가치로 삼지 말고 자신의 무위진인無位眞人을 최고의 가치로 삼으라는 변화가 일어났다.

그는 부처와 조사에 얽매여 있는 것을 노예라고 취급하였고 부처를 닮으려고 하거나 보살과 성자에게 의존하는 무리들을 몽둥이로 후려쳐서 눈을 열게 하고 귀를 번쩍 트이게 하였다.

임제의 진정견해는 사람을 그대로 부처로 보는 열린 눈이다.

참학자는 기존의 가치의 틀에 갇히게 되면 새로 가치를 창조하는데 방해를 받게 된다.

임제는 보살과 성인을 사람을 결박하는 가쇄枷鎖라고 서슴없이 말하였다. 그리고 부처를 냄새나는 존재라고 폄하하면서 인간의 존엄을 강조하였다. 그리고 자주적 부처는 어떤 틀에 갇혀서도 안 된다고 하였다.

지금도 우리 주위에는 선방禪房에서 가부좌를 틀고 앉아 화두를 참구하는 운수雲水들이 많다. 그 가운데에는 견성見性 체험을 한 분들도 있고 중국 선사들이 남긴 기연機緣이나 기존의 가치에 집착해 있는 분들도 있다. 그러나 자기 목소리나 임제 선사가 말한 열린 안목을 가진 분은 잘 보이지 않는다. 또 그들의 법어를 듣고 있으면, 천연天然 선사가 석두石頭의 설법을 듣기 싫어 귀를 막고 문밖을 나선 장면이 떠오른다.

그들의 법어는 중국 선사들의 울타리를 벗어나지 못하고 진부하고 상투적이다. 선적禪的인 상상력이 어떤 틀에 갇혀 있는 느낌을 갖게 한다.

자신의 자아를 좀 더 큰 대승적 자아로 확대시키고 굴레에서 벗어나는 모습도 보이지 않고 있다.

본래의 자아를 찾고 탐구하기 위해서는 끝없이 묻고 물어야 한다. 건성으로 묻지 말고 백척간두에서 뛰어내리는 기분으로 물어야 한다.

사유思維가 깊어지고 물음이 근저에 이르러도 번뇌는 찾아든다. 이때 깊은 회의에 빠지게 되는데 과연 수행과 깨달음에 완성이 있을까? 하는 의문이 엄습한다.

정신이란 물건이 아니고 손으로 만들어지는 제품이 아니다.

손으로 깎고 다듬어서 만들어지는 제품이라면 완제품을 만들 수 있지만 정신은 그렇지 않다. 두고두고 추구하고 실현해야 할 이상이지만 현실은 그렇지 않다. 그러니까 거듭거듭 새로워지고 형성되는 것이지 완성되는 것은 아니다.

또 하나는 견성見性 체험을 한 사람들을 보면 번뜩이는 기지는 있으나 인간 안에 자리 잡고 있어야 할 자비가 보이지 않는다.

상식적인 이야기이지만 불타와 같은 인격이 되려면 지혜를 갖추고 나서 뒤따라 자비가 완성되어야 완전한 인격체를 갖출 수 있다.

자비가 몸에 배어 겸손하고 안이나 밖으로 위선이 보이지 않고 절제와 인내로 다듬어진 사람다운 모습을 볼 수 없다.

절집 안에서 가장 많이 듣는 말이 자비이다. 그러나 그 말에 진실이 담겨 있지 않고 상투적으로 반복하여 사용하고 있어 그 의미가 퇴색해 버린 느낌이다. 그러니까 시골 온돌방 아랫목에서 느낄 수 있는 따뜻한 인간적 온기를 가진 수행인을 볼 수 없고 어릴 때 어머니가 끓여주던 구수한 숭늉에서 맛볼 수 있는 향긋한 인간미를 지닌 사람도 만나지 못했다.

그리고 중국 선사들처럼 파천황적 기행을 일삼고 파격과 일탈로 깨달음을 연출한 선적禪的 낭만도 없고 상상력을 무한대로 확대시키는 기연機緣이나 일화도 없다

중국 선종사는 기연과 일화로 인해 스토리가 풍성하고 파격적인 기행으로 우리를 황홀하게 만들고 있을 뿐 아니라 그들이 만든 풍류에 취하게 만든다.

백담사 무문관 일기

초판인쇄 | 2017년 9월 22일
초판발행 | 2017년 9월 29일
2쇄발행 | 2017년 10월 18일
3쇄발행 | 2018년 1월 17일

저자 • 정 휴
발행인 • 김 동 금
펴낸곳 • 우리출판사
서울시 서대문구 경기대로9길 62
전화 (02) 313 - 5047 · 5056
팩스 (02) 393 - 9696
이메일 wooribooks@hanmail.ne
홈페이지 www.wooribooks.co.kr
등록 제9 - 139호

ⓒ정휴. 2017. printed in korea
ISBN 978 - 89 - 7561 - 335 - 7

값 16,000원